- Tízparancsolat -
Isten Törvénye

Dr. Jaerock Lee

*„Ha szerettek engem,
megtartjátok az én parancsolataimat."*

(János 14:15)

Isten Törvénye – szerző: Dr. Jaerock Lee
Kiadja az Urim Books (Képviselő: Sungnam Vin)
73, Yeouidaebang-ro 22-gil, Dongjak-gu, Szöul, Korea
www.urimbooks.com

Ez a könyv vagy annak részei nem reprodukálható semmilyen formában, nem tárolható előhívható rendszerben, nem sokszorosítható semmilyen formában vagy eszköz által, elektronikus, mechanikai vagy fénymásolt, rögzített vagy más formában, a kiadó előzőleges írásos beleegyezése nélkül

Hacsak másként nem jelöltük, az összes bibliai idézet a Károli Szent Bibliából származik. Engedéllyel felhasználva.

Szerzői jog Copyright © 2020 Dr. Jaerock Lee
ISBN: 979-11-263-0567-4 03230
Fordítási jog Copyright © 2014 Dr. Esther K. Chung. Engedéllyel felhasználva.

Korábban koreai nyelven kiadva az Urim Books által 2007-ben

Első kiadás 2020 február

Szerkesztő: Dr. Geumsun Vin
Szerkesztette az Urim Books Kiadói Hivatala
Nyomtatva a Yewon Printing Company által
További információért lépjen kapcsolatba a következő címen: urimbook@hotmail.com

Előszó

Miközben szolgálok, számos kérdést feltesznek nekem, mint például: „Hol van Isten?" Vagy a „Mutasd meg nekem Istent," vagy „Hogyan találkozhatok Istennel?" Az emberek azért kérdezik az efféle kérdéseket, mert nem tudják, hogyan lehet Istennel találkozni. Istennel találkozni sokkal könnyebb, mint gondolnánk. Úgy is találkozhatunk Istennel, hogy egyszerűen megtanuljuk a parancsolatait, és engedelmeskedünk nekik. Bár sokan tudják ezt a tényt, nem engedelmeskednek a parancsolatoknak, mert nem értik a valódi spirituális jelentőségét minden egyes parancsolatnak, mely az Atya mély szeretete miatt keletkezett.

Csakúgy, ahogy az egyénnek megfelelő oktatásra van szüksége ahhoz, hogy szembenézzen a társadalommal, Isten gyermekének is szüksége van a megfelelő oktatásra, hogy szembenézzen a mennyországgal. Ez az a pont, ahol Isten törvényei bejönnek. Isten törvényeit, a Tízparancsolatot meg kell tanítani Isten minden új gyermekének, és alkalmazni kell minden keresztény életében. *Isten Törvénye* a parancsolatokról szól, melyeket Isten teremtett számunkra, mint egy módját annak, hogy közelebb kerüljünk Hozzá, választ kapjunk Tőle, és együtt legyünk Vele. Másképpen szólva, *Isten Törvénye* a belépőjegyünk ahhoz, hogy Istennel találkozzunk.

Krisztus előtt mintegy 1446-ban, miután az izraeliták elhagyták Egyiptomot, Isten be akarta vezetni őket a tejjel és mézzel folyó földre, más néven a Kánaán földjére. Annak érdekében, hogy ez megtörténjen, az izraeliták meg kellett hogy értsék Isten akaratát, és azt is, hogy mit is jelent igazából Isten gyermekeivé lenni. Ezért Isten szeretettel megírta a Tízparancsolatot, amely tömören összegzi az Ő törvényeit, két kőtáblára (Mózes 24:12). Ezután odaadta ezeket a táblákat Mózesnek, hogy oktassa az izraelitákat, hogyan mehetnek oda, ahová Isten akarja, hogy legyenek, ami pontosan Nála van, azzal, hogy megtanítja nekik a feladatukat Isten gyermekeiként.

Körülbelül harminc évvel ezelőtt, miután találkoztam az élő Istennel, megtanultam és engedelmeskedtem a törvényeknek, miközben részt vettem az egyházi istentiszteleteken, és kerestem minden megújulási összejövetelt, amit találtam. Kezdve a dohányzásról és az alkoholfogyasztásról való leszokással, megtudtam a Sabbath (szombat) napja megszentelésének fontosságát, a tized hűséges kifizetésének és az imának a fontosságát is. Egy kis jegyzetfüzetbe elkezdtem leírni a bűnöket, melyektől nem tudtam azonnal megszabadulni. Aztán imádkoztam, böjtöltem, kérve Istent, hogy segítsen nekem engedelmeskedni a parancsoknak. Az áldás, amit ennek eredményeként kaptam, elképesztő volt!

Először is, Isten megáldotta a családomat fizikailag, így egyikünk sem lett beteg. Aztán annyi anyagi áldást adott nekünk, hogy szabadon összpontosíthassunk a rászorulók megsegítésére. Végül annyi lelki áldást juttatott nekem, hogy most képes vagyok vezetni egy globális egyházközséget, melynek célja, hogy világszintű evangelizálást és küldetéseket hajtsunk végre.

Ha megtanulod Isten parancsolatait, és engedelmeskedsz nekik, nem csak hogy sikeres leszel az életed minden területén, de képes leszel megtapasztalni a dicsőséget, mely olyan fényes, mint a nap, amint belépsz az Ő örök országába.

Ez a könyv, *Isten Törvénye* egy összeállítás az Ígéről szóló prédikáció-sorozatból, és az inspirációról, amit a „Tízparancsolatról" kaptam, míg böjtöltem és imádkoztam az után, hogy elkezdtem az Ő szolgálatát. Az üzenetek által sok hívő megértette Isten szeretetét, és elkezdett egy olyan életet élni, amelyben engedelmeskedett az Ő parancsolatainak, és ezáltal virágzott, lelkileg, és az élete minden más területén. Ráadásul, sok hívő megtapasztalta azt, hogy választ kapott a mindennapi imádságára. A legfontosabb, hogy jobban reménykedtek a mennyek országában.

Tehát, ha megismered a Tízparancsolat lelki jelentőségét, amint azt tárgyaljuk ebben a könyvben, és megérted Isten mély szeretetét, aki a tízparancsolatot nekünk adta, és úgy döntesz, hogy életeddel engedelmeskedsz parancsolatainak, tudom garantálni, hogy hihetetlen áldást kapsz az Úrtól. Mózes 28:1-2, azt mondja, hogy boldog leszel minden időben: „*Ha pedig szorgalmatosan hallgatsz az Úrnak, a te Istenednek szavára, és megtartod és teljesíted minden ő parancsolatát, a melyeket én parancsolok ma néked: akkor e földnek minden népénél feljebbvalóvá tesz téged az Úr, a te Istened; És reád szállanak mind ez áldások, és megteljesednek rajtad, ha hallgatsz az Úrnak, a te Istenednek szavára.*"

Szeretném megköszönni Geumsun Vin igazgatónak, az Urim Books Kiadói Iroda igazgatójának és a munkatársainak a páratlan odaadást és felbecsülhetetlen értékű hozzájárulást ennek a könyvnek a kiadásához. A mi Urunk nevében imádkozom, hogy mindazok, akik találkoznak a könyvvel, értsék meg Isten törvényeit, és engedelmeskedjenek az Ő parancsolatainak, hogy szeretett, és ezért áldott gyermekeivé váljanak Istennek!

Jaerock Lee

Bevezetés

Dicsőséget adunk Istennek, az Atyának, amiért lehetővé teszi számunkra, hogy összegyűjtsük a Tízparancsolat tudását, amely tartalmazza Isten szívét és akaratát, ebbe a könyvbe, Az *Isten Törvénye*.

Először is, „Isten szeretete a Tízparancsolatban" bemutatja az olvasónak a szükséges háttér-információt a Tízparancsolatról. Ez választ ad arra a kérdésre: „Mi is pontosan a Tízparancsolat?" Ez a fejezet azt is elmondja, hogy Isten azért adta a Tízparancsolatot, mert szeret minket, és végül meg akar áldani minket. Tehát, ha engedelmeskedünk minden parancsolatnak Isten erejével, akkor tudjuk fogadni az összes áldást, melyet a számunkra tartogat.

„Az első parancsolat" megtudjuk, hogy ha valaki szereti Istent, könnyen engedelmeskedik az Ő parancsolatainak. Ez a fejezet arra a kérdésre is választ ad, hogy miért mondja azt az első parancsolat, hogy ne rakjunk más isteneket előrébb, mint Őt.

„A második parancsolat" annak a fontosságát hangsúlyozza, hogy ne imádjunk hamis bálványokat – vagy szellemi értelemben – ne legyen semmink, amit jobban szeretünk, mint Istent. Itt azt is megtudjuk, mik a lelki következményei annak, ha hamis bálványokat imádunk és ha nem, és tudomást szerzünk az áldásokról és átkokról, amelyek az életünkbe bejönnek ennek eredményeként.

A fejezet „A harmadik parancsolat" megmagyarázza, hogy mit jelent, ha az Úr nevét hiába a szájunkra vesszük, és mit kell tennünk, hogy elkerüljük ennek elkövetését.

„A negyedik parancsolat" megtudjuk, mi a valódi jelentése a „szombatnak," és hogy miért változott a szombat vasárnapra, ahogy az Ószövetségből az Újszövetségbe átmegyünk. Ez a fejezet elmagyarázza, hogy pontosan hogyan kell megtartani a szombatot szentnek, főleg három különböző módon. Ez a fejezet bemutatja azokat a feltételeket, amelyek mellett kivételeket lehet alkalmazni e parancsolatban, amikor dolgozhatunk, és üzleti tranzakciókat bonyolíthatunk szombaton is.

„Az ötödik parancsolat" részletesen elmagyarázza, hogyan kell tisztelni a szülőket isteni módon. Azt is megtudjuk, hogy mit jelent Isten tisztelete, aki a lelkünk Atyja, és milyen áldásokat kapunk, amikor tiszteljük Őt és a biológiai szüleinket, az Ő igazságának megfelelően.

„A hatodik parancsolat" fejezet két részből áll: az első rész középpontjában a fizikai gyilkosság bűnének elkövetése áll, míg a második rész spirituális magyarázata a szívben elkövetett gyilkosság bűnének, ami sok hívő bűne lehet, de ritkán veszi észre, hogy elköveti.

„A hetedik parancsolat" a fizikai paráználkodás bűnét nézi meg, és a házasságtörés bűnének elkövetését a szívben, vagy a tudatban, ami valójában a rémisztőbb a két bűn közül. Ez a fejezet leírja e bűn elkövetésének a spirituális jelentőségét, és az imádság és a böjt folyamatát, amelynek segítségével el lehet dobni ezt a bűnt a Szentlélek segítségével, valamint Isten kegyelme és hatalma segítségével.

„A nyolcadik parancsolat" tartalmazza a lopás fizikai és spirituális meghatározását. Ez a fejezet kifejezetten elmagyarázza, hogyan lehet elkövetni a bűnt, amikor Istentől lopunk azáltal, hogy nem fizetjük be a tizedet és a felajánlásokat, vagy akár helytelenül kezeljük Isten szavát.

„A kilencedik parancsolat" a három különböző típusú hamis tanúskodással vagy hazugsággal foglalkozik. Ez a fejezet azt is hangsúlyozza, hogyan lehet az álnokság gyökerét kihúzni a szívből azzal, hogy az igazságot helyezzük el helyette a szívünkben.

„A tizedik parancsolat" elmagyarázza az eseteket, ahol azért bűnözünk, mert a szomszédunkat megkívánjuk. Azt is megtudjuk, hogy az igazi áldás az, amikor a lelkünk virágzik, mert amikor a lelkünk virágzik, megkapjuk az áldást, hogy az életünk minden területén virágzóak legyünk.

Végül az utolsó fejezetben, „Az Istennel lakás törvénye," ahogy tanulmányozzuk Jézus Krisztus szolgálatát, aki teljesítette a törvényt a szeretettel, megtudjuk, hogy szeretet kell ahhoz, hogy teljesítsük Isten szavát. Megismerjük azt a fajta szeretetet, amely túlmutat az igazságon.

Remélem, hogy ez a szöveg segít az olvasónak a Tízparancsolat spirituális jelentőségének a világos megértésében. Ahogy engedelmeskedsz az Úr parancsolatainak, mindig legyél a ragyogó Isten jelenlétében. A mi Urunk nevében imádkozom, hogy míg beteljesíted a Törvényét, a lelki életben eljuss arra az állapotra, ahol az összes imád válaszra talál, és az Ő áldásai áradnak az életed minden területére!

Geumsun Vin
A kiadó igazgatója

Tartalomjegyzék

Előszó

Bevezetés

Első fejezet
Isten szeretete a Tízparancsolatban 1

Második fejezet Az első parancsolat
„Ne legyenek néked idegen isteneid én előttem!" 13

Harmadik fejezet A második parancsolat
„Ne csinálj magadnak faragott képet, és ne imádd azt" 29

Negyedik fejezet A harmadik parancsolat
„Az Úrnak a te Istenednek nevét hiába fel ne vedd" 49

Ötödik fejezet A negyedik parancsolat
„Megemlékezzél a szombatnapról,
hogy megszenteljed azt" 65

Hatodik fejezet Az ötödik parancsolat
„Tiszteld atyádat és anyádat" 83

Hetedik fejezet A hatodik parancsolat
„Ne ölj" 97

Nyolcadik fejezet A hetedik parancsolat
„Ne paráználkodj" 113

Kilencedik fejezet A nyolcadik parancsolat
„Ne lopj!" 129

Tizedik fejeze A kilencedik parancsolat
„Ne tégy a te felebarátod ellen hamis
tanúbizonyságot" 145

Tizenegyedik fejezet A tizedik parancsolat
„Ne kívánd felebarátod házát" 159

Tizenkettedik fejezet
Az Istennel lakás törvénye 173

Első fejezet

Isten szeretete a Tízparancsolatban

Exodus 20:5-6

„Ne imádd és ne tiszteld azokat; mert én, az Úr a te Istened, féltőn-szerető Isten vagyok, aki megbüntetem az atyák vétkét a fiakban, harmad és negyediziglen, akik engem gyűlölnek. De irgalmasságot cselekszem ezeriziglen azokkal, akik engem szeretnek, és az én parancsolatimat megtartják."

Négyezer évvel ezelőtt, Isten kiválasztotta Ábrahámot, mint a hit atyját. Isten megáldotta Ábrahámot, és szövetséget kötött vele, majd megígérte neki, hogy a leszármazottai annyian lesznek, „mint a csillagok az égen, és mint a homok a tengerparton." A Maga idejében, Isten hűségesen alakította Izrael nemzetét Jákobnak, Ábrahám unokájának a tizenkét fia által. Isten gondoskodása mellett Jákob és fiai Egyiptomba költöztek, hogy elkerüljék az éhínséget, és négyszáz évig ott éltek. Ez mind része volt Isten szerető tervének, hogy megvédje őket a pogány népek inváziójától, amíg fel tudtak nőni egy nagyobb és erősebb nemzetté.

Jákob családja hetven emberből állt, amikor Egyiptomba költöztek, de olyannyira megsokasodtak, hogy egy nemzetet alkottak később. És ahogy ez a nemzet erősebb lett, Isten kiválasztott egy embert közülük, név szerint Mózest, hogy a vezetője legyen az izraelitáknak. Aztán Isten elvezette ezeket az embereket az Ígéret Földjére, a Kánaánba, a tejjel és mézzel folyó földre.

A Tízparancsolat tartalmazta a szerelmes szavakat, melyeket Isten az izraelitáknak adott, miközben az Ígéret Földjére vezette őket.

Ahhoz, hogy az izraeliták bekerüljenek a Kánaán áldott földjére, meg kellett felelniük két feltételnek: a hit Istenben, és a Neki való engedelmeskedés. Azonban a hit és az engedelmesség szabályai nélkül nem értették volna meg, mit is jelent igazából a hit és az engedelmesség. Ez az ok, amiért Isten a Tízparancsolatot adta nekik a vezetőjük, Mózes által.

A Tízparancsolat egy szabályokból álló lista, amely meghatározza a szabályokat, amelyeket az embereknek követniük kell, de Isten nem kényszeríti őket önhatalmúan, hogy megtartsák ezeket a parancsolatokat. Csak miután megmutatta nekik az Ő Csodálatos Hatalmát, és megengedte nekik, hogy megtapasztalják azt, azáltal, hogy az egyiptomi tíz csapást rájuk küldte, elválasztotta a Vörös-tengert, a keserű vizet édes vízzé változtatta Marahban, és megetette az izraelitákat mannával és fürjjel, adta oda nekik a Tízparancsolatot követésre.

A legfontosabb információ az, hogy Isten minden szava, beleértve a Tízparancsolatot, nem csak az izraelitáknak adott, hanem mindazoknak, akik hisznek benne ma, mint egy rövid útban, hogy megkapják a szeretetet és áldást.

Isten szíve, aki a parancsolatokat adta

A gyermeknevelés során a szülők számtalan szabályt megtanítanak a gyermekeiknek, mint például: „Moss kezet, miután kint játszottál," vagy „Mindig takard be magad egy takaróval alvás közben," vagy „Soha ne kelj át az úton, amikor a gyalogos jel piros."

A szülők nem azért bombázzák a gyerekeket ezekkel

a szabályokkal, hogy nehézséget okozzanak nekik. Azért tanítják ezeket a szabályokat a gyermekeknek, mert szeretik őket. Természetes szülői vágy, hogy szeretnék megvédeni a gyermekeiket a betegségektől és veszélyektől, biztonságban tartani őket, és segíteni nekik békésen élni egész életükben. Ugyanez az oka annak, hogy Isten a Tízparancsolatot nekünk adta, az Ő gyermekeinek: mert Ő szeret minket.

Az Exodus 15:26-ban isten ezt mondja nekünk: *„És monda: Ha a te Uradnak Istenednek szavára hűségesen hallgatsz és azt cselekeszed, ami kedves az ő szemei előtt és figyelmezel az ő parancsolataira és megtartod minden rendelését: egyet sem bocsátok reád ama betegségek közül, amelyeket Égyiptomra bocsátottam, mert én vagyok az Úr, a te gyógyítód."*

A léviták könyvének 26:3-5. részében, azt mondja Ő: *„Ha az én rendeléseim szerint jártok, és az én parancsolataimat megtartjátok, és azokat megcselekszitek: Esőt adok néktek idejében, és a föld megadja az ő termését, a mező fája is megtermi gyümölcsét. És a ti cséplések ott éri a szüretet, és a szüret ott éri a vetést, és elégségig ehetitek kenyereteket, és bátorságosan lakhattok a ti földeteken."*

Isten azért adta nekünk a parancsolatokat, hogy megtudjuk, hogyan találkozhatunk Vele, hogyan felelhetünk meg Neki, kaphatjuk meg az Ő áldását, és a választ az imáinkra, és végül hogyan élhetünk békében és örömmel az életünkben.

A másik ok, amiért engedelmeskedni kell Isten törvényeinek, köztük a Tízparancsolatnak, az, hogy a spirituális világ törvényei igazságosak. Ahogy minden nemzetnek megvannak a maga törvényei, Isten országának is vannak szellemi törvényei, melyeket Isten állított fel. Bár Isten megteremtette a világot, és Ő a Teremtő, aki teljes kontrollja alatt tartja az életet, a halált, átkokat és áldásokat, Ő nem egy totalitárius. Ezért annak ellenére, hogy Ő a Teremtője a törvényeknek, Ő Maga is szigorúan betartja ezeket a törvényeket.

Ahogy betartjuk a törvényeket abban az országban, ahol polgárok vagyunk, ha elfogadjuk Jézus Krisztust, és Isten gyermekeivé válunk, és így az Ő királyságának az állampolgárai leszünk, akkor helyesen be kell tartanunk Isten és az Ő királyságának a törvényeit.

Az 1 Királyok 2:3-ban ezt olvassuk: *„És őrízd meg az Úrnak a te Istenednek őrizetit, hogy az ő útain járj, és megőrizzed az ő rendeléseit, parancsolatit és ítéleteit, és bizonyságtételeit, amint meg van írva a Mózes törvényében: hogy előmented legyen mindenekben, amelyeket cselekedéndesz, és mindenütt, valamerre fordulándasz."*

Isten törvényeinek betartása azt jelenti, hogy engedelmeskedünk az Isten Igéjének, beleértve a Tízparancsolatot, amely rögzítve van a Bibliában. Ha betartod ezeket a törvényeket, akkor megkapod Isten védelmét és áldását és boldogulni fogsz, bárhová is mész.

Épp ellenkezőleg, ha megszeged Isten törvényeit, az ellenséges Sátánnak megvan a joga, hogy kísértéseket és nehézségeket okozzon neked, így Isten nem tud megvédeni. Megtörni Isten parancsait maga a bűn, és az, hogy a bűnnek és a Sátánnak a rabszolgái lettünk, és végül a pokolba jutunk.

Isten meg akar áldani minket

Tehát a fő ok, amiért Isten nekünk adta a Tízparancsolatot az, hogy szeret minket, és azt akarja, hogy megáldjon minket. Nem csak azt akarja, hogy megtapasztaljuk az örökkévaló áldásokat a mennyben, de azt is, hogy megkapjuk az Ő áldását a földön, és virágozzunk mindenben. Amikor rájövünk, hogy ez az Isten szeretete, csak hálásak lehetünk Istennek, hogy megadta a parancsolatokat, és boldogan engedelmeskedünk azoknak.

Láthatjuk, hogy a gyerekek, ha egyszer igazán rájönnek, hogy mennyire szeretik őket a szüleik, igyekeznek engedelmeskedni nekik. Még ha nem is sikerül, hogy engedelmeskedjenek a szüleiknek, de fegyelmezettek, mert megértik, hogy a szülők szeretettel cselekszenek, és lehet, hogy azt mondják: „Anyu/Apu, megpróbálom, hogy legközelebb jobb legyek", és szeretettel esnek a szüleik karjába. Ahogy érettebbek lesznek, mélyebben megértik a szüleik szeretetét és törődését, így a szüleik tanításait betartják, hogy örömet okozzanak nekik.

A szülők igaz szeretete az, ami ezeknek a gyermekeknek

megadja az erőt, hogy engedelmeskedjenek. Ez ugyanaz, mintha mi az Isten szavai szerint élnénk, amelyek rögzítve vannak a Bibliában. Az emberek megpróbálják a tőlük telhető legjobbat, hogy betartsák a parancsolatokat, ha egyszer megértik, hogy Isten annyira szeretett minket, hogy elküldte az Ő egyszülött Fiát, Jézus Krisztust, ebbe a világba, hogy meghaljon a kereszten értünk.

Valójában, minél nagyobb a hitünk abban, hogy Jézus Krisztus, aki nem ismerte a bűnt egyáltalán, mindenféle üldözést magára vállalt, és meghalt a kereszten a bűneinkért, annál nagyobb az örömünk, ha betartjuk ezeket a parancsolatokat.

Az áldások, amelyek ránk szállnak, ha betartjuk a parancsolatait

Elődeink a hitben, akik engedelmeskedtek Isten minden szavának, és szigorúan élték az Ő parancsolatait, nagy áldást kaptak, és dicsőítették az Atya Istent teljes szívükből. És ma, ránk ragyogják az örök világosságot, az igazságét, mely soha nem ég ki.

Ábrahám, Dániel és Pál apostol a hit emberei közül valók. És még ma is vannak olyan emberei a hitnek, akik továbbra is azt teszik, amit ezek az emberek tettek.

Például, az Egyesült Államok tizenhatodik elnökének,

Abraham Lincoln-nak csak kilenc hónapos iskolája volt, de a dicséretes jelleme és erényei miatt, ma is sokan szeretik és tisztelik őt. Ábrahám anyja, Nancy Hanks Lincoln, meghalt, amikor Lincoln még csak kilenc eves volt, de amíg élt, azt tanította neki, hogy memorizáljon rövid verseket a Bibliából, és engedelmeskedjen Isten parancsolatainak.

És amikor tudta, hogy meg fog halni, magához hívta a fiát, és az utolsó szavaival ezt mondta neki: „Azt akarom, hogy szeresd Istent, és tartsd be a parancsolatait." Ahogy Abraham Lincoln érett, híres politikus lett, és megváltoztatta a történelmet a rabszolgaság eltörlésével, a Biblia hatvanhat könyve mindig mellette volt. Az olyan embereknek, mint Lincoln, akik közel maradnak Istenhez, és betartják az Ő szavait, Isten mindig megmutatja az Ő szeretetének a bizonyítékait.

Nem sokkal az után, hogy megalapítottam a gyülekezetet, látogatást tettem egy párnál, akik házasok voltak évekig, de nem született gyermekük. A Szentlélek Útmutatásával istentiszteletet tartottam, és megáldottam a párt. Aztán megkértem őket valamire. Megkértem őket, hogy tartsák a szombatot meg szentnek, imádják Istent minden vasárnap, fizessék a tizedet, és tartsák be a Tízparancsolatot.

Ez az új hívő házaspár elkezdett járni istentiszteletekre minden vasárnap, és befizették a tizedet Isten parancsai szerint. Ennek eredményeként megkapták az áldást, és egészséges gyermekeik születtek. Nem csak ezt, hanem nagy anyagi áldást is kaptak. Most a férj presbiterként szolgálja a templomot, és az egész család nagy támogatója a megkönnyebbülésnek és az evangelizációnak.

Betartani Isten parancsait azt jelenti, hogy egy lámpát tartunk a sötétben. Ha erős fényű lámpa van a kezünkben, nem kell aggódnunk, hogy megbotlunk valamiben a sötétben. Hasonlóképpen, amikor Isten, aki a fény, velünk van, Ő megvéd minket minden körülmények között, és képesek vagyunk élvezni az áldást és a tekintélyt, amelyet Isten összes gyermekének fenntartanak.

A kulcs ahhoz, hogy mindent megkapj, amit kérsz

Az 1 János 3:21-22 ezt tartalmazza: *"Szeretteim, ha szívünk nem vádol minket, bizodalmunk van az Istenhez; És akármit kérjünk, megnyerjük tőle, mert megtartjuk az ő parancsolatait, és azokat cselekesszük, amik kedvesek előtte."*

Hát nem jó tudni, hogy ha engedelmeskedünk a Bibliában leírt parancsainak, és azt tesszük, ami tetszik Istennek, akkor bátran kérhetünk bármit, és Ő válaszolni fog nekünk? Milyen boldog lehet Isten, aki figyeli az engedelmes gyermekeit az Ő tüzes szemével, és válaszol a mindennapi imáikra, a lelki világ természete szerint!

Ezért Isten Tízparancsolata olyan, mint egy tankönyv a

szeretetről, amely megtanít minket a legjobb módjára annak, hogy Isten áldását megkapjuk, miközben művelnek bennünket ezen a földön. A parancsolatok megtanítanak bennünket, hogyan tudjuk elkerülni a csapásokat és a katasztrófákat, és hogyan tudjuk fogadni az Áldásait.

Isten nem azért adta nekünk a parancsolatokat, hogy megbüntesse azokat, akik nem engedelmeskednek nekik, hanem azért: hadd élvezzük az örök áldásokat az Ő csodálatos mennyek országában azzal, hogy engedelmeskedünk a parancsolatainak (1 Timóteus 2:4). Ha megérted Isten szívét, és a parancsolatai szerint élsz, akkor még többet kapsz az Ő szeretetéből.

Továbbá, ahogy jobban megtanulsz minden parancsolatot, és ahogy teljesen engedelmeskedsz minden parancsolatnak az erőddel, melyet Isten szeretettel nyújt neked, képesnek kell lenned megkapni az összes áldást, amit szeretnél megkapni Tőle.

Második fejezet

Az első parancsolat

„Ne legyenek néked idegen isteneid én előttem!"

Exodus 20:1-3

Aztán szólt Isten, mindezeket az igéket mondván:
„És szólá Isten mindezeket az igéket, mondván :Én, az Úr, vagyok a te Istened, aki kihoztalak téged Égyiptomnak földéről, a szolgálat házából. Ne legyenek néked idegen isteneid én előttem."

Két ember, akik szeretik egymást, úgy érzi, örül, csak azért, hogy együtt van. Két szerelmes nem is érzi a hideget, amikor együtt van a tél közepén, és ezért meg tudnak bármit tenni, amit a másik kér tőlük, nem számít, milyen nehéz a feladat, amíg a másik személyt boldoggá teszi. Még ha fel is kell áldozniuk magukat a másik emberért, boldogok, hogy tehetnek valamit a másik személyért, és jól érzik magukat, amikor látják az örömöt a másik személy arcán.

Ez hasonlít az Isten iránti szeretetünkre. Ha valóban szeretjük Istent, akkor az engedelmesség az Ő parancsolatainak nem szabad hogy teher legyen, inkább örömet kell hogy jelentsen nekünk.

A tíz parancsolat, amelynek Isten gyermekei kell hogy engedelmeskedjenek

Manapság néhány ember, aki magát hívőnek gondolja, azt mondja: „Hogyan tudjunk engedelmeskedni Isten minden parancsolatának?" Alapvetően azt mondják, hogy – mivel az emberek nem tökéletesek – nincs mód arra, hogy teljes mértékben betartsuk a Tízparancsolatot. Csak megpróbálhatjuk betartani a parancsolatokat.

Az 1 János 5:3-ban ezt olvassuk: *„Mert az az Isten szeretete, hogy megtartjuk az ő parancsolatait; az ő parancsolatai* *pedig nem nehezek."* Ez azt jelenti, hogy a bizonyíték arra, hogy szeretjük Istent az engedelmesség az Ő parancsainak, és a parancsok nem nehezek ahhoz, hogy engedelmeskedjünk nekik.

Az ószövetségi időkben az embereknek engedelmeskedniük kellett a parancsolatoknak, de a saját akaratukból és erejükből, míg az újszövetségi időkben bárki, aki elfogadja Jézus Krisztust, mint a Megváltóját, megkapja a Szentlelket, aki segít neki engedelmeskedni.

A Szentlélek egy Istennel, és mint Isten szívének, a Szentléleknek az a szerepe, hogy segítse Isten gyermekeit. Ez az ok, amiért a Szentlélek időnként közbenjár értünk, vigasztal minket, irányítja cselekedeteinket, és Isten szeretetét ránk önti, hogy mi is harcoljunk a bűn ellen, még a vérontás árán is, és Isten akarata szerint cselekedjünk (Cselekedetek 9:31, 20:28; Rómaiak 5:5, 8:26).

Amikor megkapjuk ezt az erőt a Szentlélektől, meg tudjuk érteni az Isten szeretetét mélyen, hogy nekünk adta az Ő egyszülött Fiát, és könnyen engedelmeskedünk annak is, aminek nem tudunk engedelmeskedni a saját akaratunkból és erőnkből. Vannak emberek, akik még mindig azt mondják, hogy nehéz engedelmeskedni Isten parancsolatainak, és nem is próbálják meg azok betartását. És továbbra is bűnök között élnek. Ezek az emberek nem igazán szeretik Istent a szívük mélyéből.

Az 1 János 1:6 ezt tartalmazza: *"Ha azt mondjuk, hogy*

közösségünk van vele, és sötétségben járunk; hazudunk és nem az igazságot cselekesszük," és az 1 János 2:4 ezt: *„Aki ezt mondja: Ismerem őt, és az ő parancsolatait nem tartja meg, hazug az, és nincs meg abban az igazság."*

Ha Isten szava, amely az igazság és az élet magja, benne van valakiben, nem tud bűnözni. Az igazságban fog élni. Tehát, ha valaki azt állítja, hogy hisz Istenben, de nem engedelmeskedik a Parancsolatainak, azt jelenti, hogy az igazság nincs teljesen benne, és hazudik Isten előtt.

Akkor melyik a legelső a parancsolatokból, amelynek Isten gyermekeinek engedelmeskedniük kell, amely bizonyítja, hogy szeretik Őt?

„Ne legyenek néked idegen isteneid én előttem"

A „néked" itt Mózesre utal, aki közvetlenül Istentől kapta a Tízparancsolatot, az izraelitákra, akik a parancsolatokat Mózestől kapták meg, és Isten minden gyermekére ma is, akik üdvözülnek az Úr neve által. Mit gondolsz, miért parancsolja Isten a népének, hogy ne helyezzenek más isteneket előbbre, mint az Ő parancsolatait?

Ez azért van, mert egyedül Isten az igazi, egyetlen élő Isten, a mindenható Teremtő az univerzumban. Továbbá, Isten legfelsőbb ellenőrzése alatt áll a világegyetem, az emberiség történelme, az élet és a halál, és ő ad igazi életet és örök életet az embernek.

Isten az, aki megmentett minket a bűn rabságából ezen a világon. Ez az oka annak, hogy eltekintve az egyetlen Istentől, nem szabad más isteneket a szívünkbe beengednünk.

De sok bolond ember elhatárolja magát Istentől, és az egész életében hamis bálványokat imád. Egyesek Buddha képét imádják, aki még csak nem is pislant, mások köveket imádnak, néhányan tisztelegnek az öreg fáknak, és megint mások szembenéznek az Északi-sarkkal, és imádják.

Vannak, akik imádják a természetet, és sok hamis isten nevét kimondják azzal, hogy halott embereket bálványoznak. Minden fajnak és minden nemzetnek megvannak a maga bálványai. Csak Japánban azt mondják, hogy olyan sok bálvány van, hogy nyolcmillió különböző istent tartanak számon.

Akkor miért gondolod, hogy az emberek ezeket a hamis bálványokat megalkotják, és imádják őket? Ez azért van, mert keresik a módját, hogy megvigasztalják magukat, vagy csak követik az őseik régi szokásait, amelyek véletlenül tévesek. Vagy, az is lehet, hogy van egy önző vágyuk, hogy több áldást kapjanak, vagy több jó szerencsét azzal, hogy különböző isteneket imádnak.

De egy dolog, amit világossá kell tenni, hogy eltekintve a Teremtő Istentől, nincs más isten, melynek megvan a hatalma, hogy áldást adjon ránk, nem is beszélve arról, hogy megmentsen minket.

A Teremtő Isten Bizonyítékai a természetben

Ahogy a Rómaiak 1:20-ban látjuk: "*Mert ami Istenben láthatatlan, tudniillik az ő örökké való hatalma és istensége, a világ teremtésétől fogva az ő alkotásaiból megértetvén megláttatik; úgy, hogy ők menthetetlenek.*" Ha megnézzük a világegyetem elveit, azt látjuk, hogy egy abszolút Teremtő létezik, és hogy csak Isten a Teremtő létezik, egyedül.

Így például, ha megnézzük az emberiséget ezen a földön, minden ember testének azonos szerkezete és funkciói vannak. Függetlenül attól, hogy valaki fekete vagy fehér, nem számít, milyen fajta, vagy hogy milyen országból származik, vagy hogy két szeme, két füle, egy orra és egy szája van, körülbelül ugyanazon a helyen van az arca. Továbbá, ugyanez a helyzet az állatokkal is.

Az elefántok olyan állatok, amelyeknek hosszú orra van. Észre-vehetjük, hogy hosszú orruk van, amelyen két orrlyuk van. A nyulaknak, hosszú fülekkel, és a vad oroszlánoknak is ugyanannyi szemük, szájuk és fülük található, ugyanazon a helyen, mint az embereknek. Számtalan élőlény, mint az állatok, halak, madarak, bogarak és még a rovarok is – eltekintve a különleges jellemzőktől, amelyek megkülönböztetik őket egymástól – azonos a testi felépítése és működése. Ez azt bizonyítja, hogy egy teremtő van.

A természeti jelenségek is egyértelműen bizonyítják a Teremtő Isten létezését. Naponta egyszer, a Föld egy teljes fordulatot tesz a tengelye körül, és egyszer egy évben, egy teljes fordulatot tesz a Nap körül, valamint havonta egyszer, a hold körbe fordul, és körbe kering a Föld körül. Ezek miatt a forgások és körbeforgások miatt, rendszeresen megtapasztalhatunk sok természeti eseményt. Van éjjel és nappal, és a négy különböző évszak. Van dagály és apály, valamint a termikus változások miatt megtapasztaljuk a légköri keringést.

A Föld elhelyezkedése és mozgása tökéletes élőhellyé változtatja ezt a bolygót az emberiség és minden más élő szervezet fennmaradása szempontjából. A távolság a Nap és a Föld között nem lehet kisebb vagy nagyobb. A távolság a Nap és a Föld között mindig is a legtökéletesebb volt az idő kezdete óta, és a Föld körforgása és a Nap körüli keringése már nagyon hosszú ideje bekövetkezett, anélkül, hogy a legkisebb hiba lenne benne.

Mivel a világegyetemet Isten bölcsessége hozta létre és működteti, számtalan elképzelhetetlen dolog történik, amelyet az ember soha nem tud teljesen megérteni.

Mindezekkel a világos bizonyítékokkal, senki mondhatja kifogásként az utolsó ítélet napján: „Nem tudtam elhinni, mert nem tudtam, hogy Isten valóban létezik."

Egy nap, Sir Isaac Newton megkért egy tapasztalt szerelőt, hogy építse meg egy kifinomult modellel a Naprendszert. Egy ateista barátja eljött meglátogatni őt egy nap, és meglátta a Naprendszer modelljét. Nem sokat gondolkodott, elfordította a hajtókart, és ekkor egy igazán csodálatos dolog történt. Minden egyes bolygó elkezdett keringeni a Nap körül, különböző sebességgel!

A barátja nem tudta elrejteni a meglepetését, és azt mondta: „Ez valóban egy kiváló modell! Ki hozta létre?" Mit gondolsz, mit válaszolt Newton? Azt mondta: „Ó, senki nem teremtette. Csak úgy összeállt, véletlenül."

A barátja úgy érezte, mintha Newton tréfálna vele, és így vágott vissza: „Mi van? Azt hiszed, bolond vagyok? Hogy állna össze a világ egy bonyolult modellként a semmiből?"

Erre Newton így válaszolt: „Ez csak egy kis modell a valódi Naprendszerről. Te azzal érvelsz, hogy még egy ilyen egyszerű modell, mint ez, sem jöhet csak úgy össze, anélkül, hogy tervezője vagy gyártója lenne. Akkor hogyan magyaráznád meg valakinek, aki úgy véli, hogy a naprendszer, ami sokkal bonyolultabb és hatalmasabb, csak úgy létrejött anélkül, hogy valaki megteremtette volna?"

Newton ezt írta a *The Philosophiæ Naturalis Principia Mathematica,* azaz a „A természetfilozófia matematikai alapjai" című művében, melyet gyakran Principia-nak neveznek: „Ez a legszebb rendszere a napnak, a bolygóknak és az üstökösöknek csak egy intelligens és hatalmas lény tanácsát és uralmát követhette.... Ő [Isten] örök és végtelen."

Ez az, amiért számos tudós, aki tanulmányozza a természet törvényeit, keresztény. Minél többet tanulnak a természetről és a világegyetemről, annál inkább felfedezik a mindenható Isten erejét.

Sőt, a csodák és jelek által, amelyek előfordulnak a hívők életében, Isten szolgái és dolgozói által, akiket szeret és elismer Ő, és az ember történelmén keresztül, amely beteljesítette a Bibliában lévő próféciákat, Isten sok bizonyítékot megmutat nekünk arra nézve, hogy hihetünk Benne, az élő Istenben.

Emberek, akik felismerték a Teremtő Istent az evangélium meghallgatása nélkül

Ha megnézzük az emberiség történetét, akkor láthatjuk, hogy a jószívű emberek, akik egyszer sem hallották az evangéliumot, felismerték az egyetlen Istent, a Teremtőt, és megpróbáltak az igazságnak élni.

A tisztátalan és zavaros szívű emberek sok különböző istent imádtak, mert megpróbálták megvigasztalni magukat. Másrészt, az egyenes és tiszta szívű emberek imádták és szolgálták Istent, a

Teremtőt, annak ellenére, hogy nem tudtak Istenről.

Például, Soonshin Yi admirális, aki a Chosun dinasztiában élt Koreában, a hazáját szolgálta, a királyt és a népét, egész életében. Tisztelte szüleit, és az egész élete alatt, soha nem próbálta keresni a saját javát, hanem inkább feláldozta magát mások számára. Bár nem tudott Istenről és a mi Urunk Jézus Krisztusról, nem imádott sámánokat, démonokat vagy gonosz szellemeket, hanem jó lelkiismerettel az ég felé nézett, és hitt az egy alkotóban.

Ezek a jó emberek soha nem tanulták meg Isten szavát, de láthatjuk, hogy mindig igyekeztek tiszta és igaz életet élni. Isten utat nyitott az ilyen típusú embereknek is, hogy üdvözülhessenek az úgynevezett „A lelkiismeret ítélete által." Ez Isten módja, hogy üdvösséget adjon az embereknek az ószövetségi időkben, vagy azoknak az embereknek, akik Jézus Krisztus után éltek, akiknek soha nem volt meg a lehetősége, hogy meghallják az evangéliumot.

A Róma 2:14-15-ben ezt olvassuk: „*Mert mikor a pogányok, akiknek törvényök nincsen, természettől a törvény dolgait cselekszik, akkor ők, törvényök nem lévén, önmagoknak törvényök: Mint akik megmutatják, hogy a törvény cselekedete be van írva az ő szívökbe, egyetemben bizonyságot tévén arról az ő lelkiismeretök és gondolataik, amelyek egymást kölcsönösen vádolják vagy mentegetik."*

Amikor a jó lelkiismeretű emberek meghallják az evangéliumot, nagyon könnyen fogadják az Urat a szívükben. Isten megengedte ezeknek a lelkeknek, hogy átmenetileg a „Felső sírban" maradjanak, és így bemenjenek a mennybe. Amikor egy ember élete véget ér, a lelke elhagyja a fizikai testét. A szellem átmenetileg egy helyen tartózkodik, melyet „sírnak" hívnak. Ez egy ideiglenes hely, ahol megtanulja, hogyan alkalmazkodjon a spirituális világhoz, mielőtt a helyére megy az örökkévalóságig. Ez a hely „felső sírra," meg „alsó sírra" oszlik, ahol az üdvözült emberek várnak, és az „alsó sírra," ahol az elkárhozott lelkek várnak gyötrelem közepette (Mózes 37:35, Jób 7:9, Számok 16:33, Lukács 16).

A Cselekedetek 4:12-ben ezt olvassuk: *„És nincsen senkiben másban idvesség: mert nem is adatott emberek között az ég alatt más név, mely által kellene nékünk megtartatnunk."* Szóval, annak érdekében, hogy megbizonyosodjon arról, hogy azok a lelkek, akik a Felső Sírba jutottak, kapnak egy esélyt, hogy meghallják az evangéliumot, Jézus elment a felső sírba, hogy megossza velük az evangéliumot.

Az Írás alátámasztja ezt. Az 1 Péter 3:18-19 ezt tartalmazza: *„Mert Krisztus is szenvedett egyszer a bűnökért, mint igaz a nem igazakért, hogy minket Istenhez vezéreljen; megölettetvén ugyan test szerint, de megeleveníttetvén lélek szerint; Amelyben elmenvén, a tömlöcben lévő lelkeknek is prédikált."* Ezek a „jó" lelkek a Felső Sírban felismerték Jézust, megismerték az evangéliumot, és üdvözültek.

Így azoknak az embereknek, akik jó lelkiismerettel éltek, és hittek az egyetlen Teremtőben – függetlenül attól, hogy az ószövetségi időkben éltek, vagy soha nem hallottak az evangéliumról, illetve a törvényekről – Isten mélyen a szívükbe nézett, és kinyitotta a megváltás ajtaját számukra.

Miért parancsolta meg Isten a népének, hogy soha ne legyen más Istene Rajta kívül

Néha a nem-hívők azt mondják: „a kereszténység megköveteli az embertől, hogy csak Istenben higgyen. Nem lesz ettől a vallás túl rugalmatlan és kizárólagos?"

Vannak emberek, akik magukat hívőknek gondolják, de a tenyérjóslás, varázslás és talizmánok hívői igazán.

Isten kifejezetten azt mondta nekünk, hogy ne kössünk kompromisszumot ezen a területen. Azt mondta: „Ne legyenek néked idegen isteneid én előttem." Ez azt jelenti, hogy soha nem szabad azonosulnunk, és megáldanunk hamis bálványokat, vagy Isten egyetlen teremtményét sem. Nem szabad úgy beállítani őket, mint akik egyenlők Istennel, semmilyen módon.

Csak egyetlen Teremtő van, aki megteremtett minket, és csak Ő tud megáldani bennünket, és csak Ő tud életet adni nekünk.

A hamis istenek és bálványok, amelyeket az emberek imádnak, végső soron az ellenséges ördögtől származnak. Isten ellenségei.

Az ellenséges ördög megpróbálja összezavarni az embereket, hogy elkóboroljanak Istentől. Azzal, hogy hamis dolgokat imádnak, a végén a Sátánt imádják, és a saját bukásuk felé gyalogolnak. Ez az, amiért az emberek, akik azt állítják, hogy hisznek Istenben, de még mindig imádják a hamis bálványokat, a szívükben még alávetettséget éreznek az ellenséges ördögnek. Emiatt továbbra is fájdalom és bánat az osztályrészük, és szenvednek a betegségtől és a megpróbáltatásoktól.

Isten a szeretet, és Ő nem akarja, hogy a Népe hamis bálványokat imádjon, és gyalogoljon az örök halál felé. Ezért megparancsolja, hogy ne imádjunk más isteneket Előtte. Azzal, hogy Őt imádjuk egyedül, örök életünk lehet, és bőséges áldást kaphatunk Tőle, míg élünk ezen a földön.

Áldást kell kapnunk azért, hogy egyedül Istenben hiszünk

Az 1 Krónikák 16:26-ban ezt olvassuk: *„Mert a pogányoknak minden isteneik csak bálványok, de az Úr teremtette az egeket."* Ha Isten soha nem mondta volna ezt: „Ne legyenek néked idegen isteneid én előttem," akkor a határozatlan emberek, sőt egyes hívők is, tudatlanul hamis bálványokat imádtak volna, és az örök halál felé gyalogoltak volna.

Láthatjuk ezt az izraeliták történelmében is. Az izraeliták, az összes többi nép között, megismerték az egyetlen Teremtőt az univerzumban, és megtapasztalták az Ő erejét számtalanszor. De az idő múlásával letértek Isten útjáról, és elkezdtek más isteneket és bálványokat imádni.

Azt hitték, hogy a pogányok bálványai jól néztek ki, ezért elkezdték imádni a bálványokat Isten mellett. Ennek eredményeként, mindenféle kísértéseket, megpróbáltatásokat és csapásokat megtapasztaltak, melyeket az ellenséges ördög és a Sátán hozott rájuk. Csak amikor már nem tudtak ellenállni a fájdalomnak és a nehézségeknek tovább, tartottak bűnbánatot, és tértek vissza Istenhez.

Az ok, amiért az Isten, aki maga a szeretet, megbocsátott nekik újra és újra, és megmentette őket a bajoktól az, hogy nem akarta látni őket, amint megtapasztalják az örök halált azért, mert hamis bálványokat imádtak.

Isten folyamatosan megmutatja nekünk a bizonyítékot arra nézve, hogy Ő a Teremtő, az élő Isten, hogy imádjuk Őt, és csak Őt, egyedül. Megmentett minket a bűntől az egyszülött Fia, Jézus Krisztus által, és megígérte nekünk az örök életet, valamint reményt adott nekünk az örök életre a mennyben.

Isten segít bennünket, hogy tudjuk és elhiggyük, hogy Ő az élő Isten, azzal, hogy csodákat, jeleket mutat nekünk az Ő népe által, valamint a Biblia hatvanhat könyve és az emberiség történelme által.

Ezért híven kell hogy imádjuk Istent, aki a Teremtő a világegyetemben, és aki minden felett rendelkezik. Az Ő gyermekeiként bőséges jó gyümölcsöt kell teremnünk azzal, hogy kizárólag Tőle függünk.

Harmadik fejezet

A második parancsolat

„Ne csinálj magadnak faragott képet, és ne imádd azt"

Exodus 20:4-6

„Ne csinálj magadnak faragott képet, és semmi hasonlót azokhoz, amelyek fenn az égben, vagy amelyek alant a földön, vagy amelyek a vizekben a föld alatt vannak. Ne imádd és ne tiszteld azokat; mert én, az Úr a te Istened, féltőn-szerető Isten vagyok, aki megbüntetem az atyák vétkét a fiakban, harmad és negyediziglen, akik engem gyűlölnek. De irgalmasságot cselekszem ezeriziglen azokkal, akik engem szeretnek, és az én parancsolatimat megtartják."

„Az Úr meghalt értem a kereszten. Hogyan tagadnám meg az Urat azért, mert félek a haláltól? Inkább meghalok tíz halállal az Úrért, minthogy eláruljam Őt, és éljek száz, vagy akár ezer értelmetlen évig. Csak egy kötelezettségem van. Kérlek, segíts nekem leküzdeni a halál hatalmát úgy, hogy ne hozzak szégyent az én Uramra azzal, hogy megkímélem a saját életemet."

Ez Ki-Chol Chu tiszteletes vallomása, aki mártírhalált halt, miután nem volt hajlandó meghajolni egy japán szentélyben. A története megtalálható egy könyvben, melynek címe: *Több mint hódító: Ki-Chol Chu tiszteletes története*. Anélkül, hogy rettegett volna a kardtól vagy fegyvertől, Ki-Chol Chu tiszteletes odaadta az életét, hogy engedelmeskedjen Isten parancsának, mely szerint nem szabad meghajolni semmilyen bálványnak.

„Ne csinálj magadnak bálványt, vagy imádd azt"

Mint keresztényeknek, az a feladatunk, hogy szeressük és imádjuk Istent, és csak Istent. Ezért adta nekünk Isten az első parancsolatot: „Ne legyenek néked idegen isteneid én előttem." És, hogy szigorúan megtiltsa a bálványimádást, a második parancsolatot adta nekünk: „Ne csinálj magadnak bálványt, és ne imádd azt."

Első pillantásra az első és a második parancsolat azonosnak

tűnik. De elkülönülnek egymástól, mert különböző spirituális jelentésük van. Az első parancsolat figyelmeztetés a politeizmus ellen, és azt tartalmazza, hogy csak az egy igaz Istent szeressük és imádjuk.

A második parancsolat egy lecke arról, hogy ne imádjunk hamis bálványokat, és magyarázat arra, hogy milyen áldást kapunk, ha imádjuk és szeretjük Istent. Ezután vessünk egy közeli pillantást arra, hogy mit jelent a „bálvány" szó.

A „bálvány" fizikai definíciója

A „bálvány" szót kétféle képpen lehet magyarázni: testi és lelki bálvány. Először is, fizikai értelemben a „bálvány" „egy kép vagy tárgy, melyet egy isten képviseletére hoztak létre, amely nem rendelkezik olyan fizikai alakkal, amelyhez az imádatot lehet címezni."

Más szavakkal, egy bálvány bármi lehet: egy fa, kő, egy ember képe, emlősök, rovarok, madarak, tengeri élőlények, a nap, a hold, a csillagok az égen, vagy valami, ami az emberi képzelet révén kialakult acélból, ezüstből, aranyból, vagy bármi másból, és amelyet az ember közvetlenül imádhat, és hódolhat neki.

De egy bálványnak, melyet az ember alkotott, nincs élete, így sem válaszolni nem tud neked, sem áldást nem kapsz tőle. Ha az emberek, akik Isten képmására jöttek létre, létrehoznak egy másik képet a saját kezükkel, imádják azt, és azt kérik, hogy Isten áldja meg őket, milyen ostoba és vicces lesz, nem?

Az Ézsaiás 46:6-7 ezt tartalmazza: *"Kitöltik az aranyat az erszényből, és ezüstöt mérnek a mértékkel, és ötvöst fogadnak, hogy abból istent tegyen; meghajolnak, leborulnak előtte. Vállukra veszik azt és hordozzák, majd állványára helyezik és veszteg áll, helyéről meg nem mozdul, ha kiáltasz is hozzá, nem felel, nyomorúságodból nem szabadít meg."*

Ez a Szentírás-részlet nem csak arra utal, hogy valaki létrehoz egy bálványt, és imádja azt, de a balszerencse vagy varázslat elleni bálványokra is, vagy áldozati rítusok végrehajtására, így meghajolva a halott előtt. Még az emberek hite a babonás dolgokban és a varázslat gyakorlata is ebbe a kategóriába esik. Az emberek azt hiszik, hogy az amulettek varázsa elhajtja a nehézségeket, és szerencsét hoz, de ez nem igaz. A spirituálisan megáldott emberek látják, hogy a sötét, gonosz szellemek valóban vonzódnak azokhoz a helyekhez, ahol a bálványok és amulettek vannak, végül így csapásokat és megpróbáltatásokat hoznak azokra az emberekre, akik birtokolják őket. Eltekintve az élő Istentől, nincs más isten, aki igazi áldást hozhat az embereknek. Más istenek valójában a csapások és átkok forrásai.

Akkor miért hoznak az emberek létre bálványokat, és miért imádják őket? Ez azért van, mert az emberek hajlamosak arra, hogy olyan dogokkal elégítsék ki magukat, amelyeket fizikailag lehet látni, érezni, és meg lehet érinteni őket.

Láthatjuk az emberi pszichét az izraelitáknál, amikor elhagyták Egyiptomot. Amikor felkiáltottak Istenhez a fájdalmaik és fáradalmaik miatt, valamint a négyszáz éves rabszolgaság miatt, Isten kinevezte Mózest vezetőjükként, hogy vezesse a kivonulásukat Egyiptomból, és mindenféle jeleket és csodákat mutatott nekik, hogy így tudjanak hinni Őbenne.

Amikor a fáraó megtagadta a szabadon engedésüket, Isten tíz csapást küldött Egyiptomra. És amikor a Vörös-tenger leblokkolta az izraeliták útját, Isten szétválasztotta a tengert kétfelé. Még az után is, hogy megtapasztalták ezeket, a csodákat, amíg Mózes a hegyen volt negyven napig, hogy megkapja a Tízparancsolatot, az emberek egyre türelmetlenebbek voltak, és létrehoztak egy bálványt, és imádták azt. Mivel az Isten szolgája, Mózes eltűnt a szemük elől, azt akarták, hogy legyen valami látható, amit imádhatnak. Készítettek egy aranyborjút, és elnevezték annak az Istennek, aki elvezette őket eddig. Még áldozatot is bemutattak neki, és ittak, ettek, és táncoltak előtte. Az eset miatt az izraeliták megtapasztalták Isten nagy haragját.

Mivel Isten szellem, az emberek nem látják Őt a fizikai szemükkel, és nem hozhatnak létre egy fizikai alakot, hogy képviselje őt. Ezért soha nem szabad létrehoznunk egy bálványt, és „istennek" hívnunk. És soha nem szabad imádnunk sem.

A Deuteronomé 4:23 ezt tartalmazza: *„Vigyázzatok, hogy az Úrnak, a ti Isteneteknek szövetségéről, amelyet kötött veletek,* *el ne felejtkezzetek, és ne tegyetek magatoknak faragott képet, akármihez is hasonlót, amiképpen megparancsolta az Úr, a te Istened.*" Néhány élettelen, tehetetlen bálványt imádni Isten, a valódi Teremtő helyett többet árt, mint használ az embereknek.

A bálványimádat példái

Egyes hívők a bálványimádás csapdájába eshetnek anélkül, hogy tudnának róla. Például, valaki meghajol Jézus képe előtt, vagy egy Szűz Mária szobor előtt, vagy a hit más előfutára előtt.

Sok ember nem gondolja, hogy ez bálványimádás, de ez mégis egyfajta bálványimádás, amelyet Isten nem szeret. Itt van egy jó példa: sok ember hívja Szűz Máriát „Szent Anyának." De ha tanulmányozzuk a Bibliát, akkor láthatjuk, hogy ez egyértelműen rossz.

Jézust a Szentlélek nemzette, nem a sperma és a petesejt, mely egy férfiból és egy nőből származott. Ezért nem hívhatjuk a Szűz Máriát „anyának." Például, a mai technika lehetővé teszi az orvosok számára, hogy egy férfi spermájából és egy nő petesejtjéből egy magas technikával rendelkező gép segítségével mesterséges megtermékenyítést hozzanak létre. Ez nem jelenti azt, hogy ezt a gépet az „anyának" hívhatjuk.

Jézus, mivel Ő a természeténél fogva Isten, az Atya, a Szentlélektől fogantatott, és Szűz Mária testén keresztül született, hogy fizikai testben tudjon a világra jönni. Jézus ezért hívja Szűz Máriát „nőnek," nem „anyának" (János 2:4, 19:26). A Bibliában, amikor Máriát az Úr „anyjának" nevezik, csak azért van, mert a tanítványok szempontjából írták, akik lejegyezték a Bibliát.

Közvetlenül a halála előtt Jézus azt mondta Jánosnak: „Íme, a te anyád!" amikor Máriára hivatkozott. Itt Jézus arra kérte Jánost, hogy vigyázzon Máriára, mint a saját anyjára (János 19:27). Jézus ezt a kérést azért tette meg, mert próbálta megvigasztalni Máriát, mert megértette a fájdalmat a szívében, hiszen Mária Őt szolgálta attól a pillanattól fogva, hogy megfogantatott a Szentlélek által, addig a pillanatig, amíg elérte a teljes érettséget Isten erejéből, és függetlenné vált tőle.

Mindazonáltal, nem helyes, ha meghajolunk Szűz Mária szobra előtt.

Néhány évvel ezelőtt, amikor meglátogattam egy közelkeleti országot, egy befolyásos személy meghívott engem, és megmutatott nekem, egy érdekesnek tűnő szőnyeget a beszélgetés alatt. Ez egy felbecsülhetetlen értékű, kézzel készített szőnyeg volt, amelyet évekbe telt, amíg elkészítettek. Egy fekete Jézus képe volt rajta. Ebből a példából láthatjuk, hogy még a Jézus sem konzisztens, attól függően, hogy ki a művész vagy a szobrász. Ezért, ha meghajolnánk, vagy imádkoznánk ez előtt a kép előtt, bálványimádást követnénk el, ami elfogadhatatlan.

Mi számít „bálványnak," és mi nem?

Vannak olyanok, akik túlságosan óvatosak, és azzal érvelnek, hogy a „kereszt," ami az egyházakban van, egyfajta idol. Ugyanakkor a kereszt nem egy bálvány. A szimbóluma az evangéliumnak, amelyben a keresztények hisznek. Az oka annak, hogy a hívők a keresztre tekintenek az, hogy emlékeznek Jézus szent vérére, amely kiontatott az emberiség bűne miatt, és az Isten kegyelmére, hogy nekünk adta az evangéliumot. A kereszt nem lehet imádat tárgya, sem egy bálvány.

Ugyanez a helyzet a festménnyel, amelyen Jézus a kezében tart egy bárányt, *Az utolsó vacsora,* vagy bármely szoborral, amellyel a művész egyszerűen csak szerette volna kifejezni a gondolatait.

A festmény, amelyen Jézus a bárányt tartja, azt mutatja, hogy Ő a jó pásztor. A művész nem azért hozta létre ezt a festményt, hogy az imádat tárgya legyen. De ha valaki imádja, vagy meghajol előtte, akkor bálvány lesz.

Vannak esetek, amikor az emberek azt mondják: „Az Ószövetségben Mózes bálványt készített." Arra az esetre utalnak, ahol az izraeliták panaszkodtak Isten ellen, így végül megmarták őket a mérges kígyók a sivatagban. Sokan meghaltak, és Mózes egy bronz kígyót alkotott, és egy karóra tette. Azok, akik engedelmeskedtek Isten szavának, és a kígyóra néztek, túléltek, és azok, akik nem néztek rá, meghaltak.

Isten nem azt mondta Mózesnek, hogy teremtsen egy bronzkígyót, amit az emberek imádhatnak. Meg akart mutatni az embereknek egy illusztrációt Jézus Krisztusról, aki egy nap eljön majd, hogy megmentse őket az átoktól, ami alatt álltak, a szellemi törvényeknek megfelelően.

Azok az emberek, akik engedelmeskedtek Istennek, és a bronz kígyóra néztek, nem vesztek el. Hasonlóképpen, azok a lelkek, akik hiszik, hogy Jézus Krisztus meghalt a bűneink miatt a kereszten, és elfogadják Őt mint a Megváltót és Urat, nem vesznek el, hanem örök életet kapnak.

A 2 Királyok 18:4 azt mondja, hogy amíg Júda tizenhatodik királya, Ezékiás megpróbálta elpusztítani az összes bálványt Izraelben, *„Ő rontotta le a magaslatokat, törte el az oszlopokat, és vágta ki az Aserát, és törte össze az érckígyót is, amelyet Mózes csinált; mert mind az ideig az Izráel fiai jóillatot tettek annak, és nevezék azt Nékhustánnak."* Ez emlékezteti az embereket ismét, hogy bár a bronz kígyó Isten parancsára jött létre, soha nem lett volna szabad hogy a bálványimádás tárgyává váljon, mert nem ez volt Isten szándéka.

A „bálvány" spirituális jelentése

Amellett, hogy megértjük a „bálvány" szó fizikai értelmezését, azt is meg kell értenünk, hogy mit jelent lelki értelemben. A szellemi meghatározása a „bálványimádásnak" az, hogy „minden, amit jobban szeretünk, mint Istent." A bálványimádás nem korlátozódik csupán a meghajlásra Buddha képe előtt, vagy az elhunyt ősök előtt.

Ha a saját önző vágyunk miatt jobban szeretjük a szüleinket, férjünket, feleségünket, vagy akár a gyerekeinket, mint Istent, akkor szellemi értelemben a szeretteinket „bálványokként" tekintjük. És ha nagyon beképzeltek vagyunk magunkra, és nagyon szeretjük magunkat, akkor saját magunkat bálványként kezeljük.

Természetesen ez nem jelenti azt, hogy csak Istent kell szeretnünk, és senki mást nem. Például, Isten azt mondja az Ő gyermekeinek, hogy az a kötelességük, hogy szeressék a szüleiket az igazságban. Azt is parancsolja nekik: „Tiszteld atyádat és anyádat." Azonban, ha a szüleink szeretete azt jelenti, hogy elkóborolunk az igazságtól, akkor a szüleinket úgy szeretjük, mint Istent, így „bálványokká" alakítjuk őket.

Bár a szülők adtak életet a fizikai testünknek, azonban – mivel Isten megteremtette a spermát és a petesejtet, vagy az élet magját – Isten az Atyja a lelkünknek. Tegyük fel, hogy néhány nem keresztény szülő helyteleníti, hogy a gyermeke eljár istentiszteletre vasárnap. Ha a gyermek, aki keresztény, nem megy a templomba, hogy a szülei kedvére tegyen, akkor a gyermek jobban szereti a szüleit, mint Istent. Ez nem csak elszomorítja Isten szívét, de azt is jelenti, hogy a gyermek nem igazán szereti a szüleit.

Ha igazán szeretsz valakit, akkor azt szeretnéd, hogy üdvözüljön, és örök életet nyerjen. Ez az igaz szeretet. Tehát az első és a legfontosabb, hogy meg kell tartani az Úr napját szentnek, imádkozni kell a szülőkért, és megosztani velük az evangéliumot a lehető leghamarabb. Csak ekkor mondhatod, hogy igazán szereted és tiszteled őket.

És fordítva. Mint szülő, ha igazán szereted a gyerekeidet, Istent kell elsőként szeretned, majd a gyerekeidet Isten szeretetén belül kell szeretned. Nem számít, milyen értékesek és drágák a gyerekeid a számodra, nem lehet megvédeni őket az ellenségtől ördögtől és a Sátántól a saját korlátozott emberi erőnkkel. Nem tudod megvédeni őket a hirtelen balesetektől, sem meggyógyítani őket egy olyan betegségből, ami ismeretlen a modern orvostudomány számára.

De amikor a szülők imádják Istent, és rábízzák a gyermekeiket Istenre, és szeretik őket az Isten szeretetén belül, Isten meg fogja védeni a gyermekeiket. Nem csak lelki és a fizikai erőt ad nekik, hanem megáldja őket, így gazdagabbak lesznek minden területén az életüknek.

Ugyanez a helyzet a férj és a feleség közötti szeretettel. Egy olyan pár, aki nem ismeri Isten szeretetét, csak testi szerelemre lesz képes. Csak a saját javukat fogják keresni, és ezért vitatkozni fognak egymással. És idővel a szeretetük egymás iránt megváltozhat.

Ugyanakkor, ha egy pár egymást Isten szeretetén belül szereti, akkor képes lesz arra, hogy szeresse egymást lelki szeretettel is.

Ebben az esetben, a pár nem lesz dühös vagy sértő egymással, és nem próbálja meg kielégíteni a saját önző vágyait. Inkább osztoznak a szereteten, ami változatlan, igaz és szép.

Valakit vagy valamit jobban szeretni, mint Istent

Csak ha Isten szeretetén belül vagyunk, és az Atya Istent szeretjük először, tudunk másokat szeretni igaz szeretettel. Ezért Isten azt mondja, hogy: „Szeresd az Istent először," és „Ne legyen semmilyen idegen istened én előttem." Azonban, ha ennek a meghallgatása után úgy döntesz, hogy: „Elmentem a templomba, és azt mondták, hogy csak Istent szeressem, és ne a családom tagjait," akkor súlyosan félreérted a parancsolatának a jelentését.

Ha hívőként megtöröd Isten parancsolatait, vagy kompromisszumot kötsz a világgal annak érdekében, hogy valamilyen anyagi gazdagságot, hírnevet, tudást vagy hatalmat elérj, és így elkóborolsz az igazságtól, akkor egy bálványt alkotsz magadnak, szellemi értelemben.

Vannak olyan emberek, akik nem tartják meg az Úr napját szentnek, vagy nem fizetik be a tizedet, mert a jólétet jobban szeretik, mint Istent, annak ellenére, hogy Isten megígérte, hogy megáldja azokat, akik a tizedet befizetik.

Gyakran a tinédzserek a kedvenc énekesük, színészük, sportolójuk, vagy hangszeres előadójuk képét kirakják a szobájukban, vagy akár maguknál hordják a képüket a mellényükben vagy zsebükben, hogy a kedvenc csillagukat közel tartsák a szívükhöz. Vannak esetek, amikor ezek a tizenévesek jobban szeretik ezeket az embereket, mint Istent. Persze, lehet szeretni és tisztelni a színészeket, sportolókat, stb., akik nagyon jók abban, amit csinálnak. De ha úgy szereted a világ dolgait, hogy távolabb kerülsz Istentől, Isten nem fog örülni. Ezen felül, a fiatal gyerekek, akik a teljes szívüket beleöntik egyes játékokba vagy a videojátékokba, a végén ezeket a „bálványaikként" fogják szeretni.

Isten féltékenysége a szeretet miatt

Azt követően, hogy a bálványimádást megtiltja nekünk, Isten azt mondja, hogy áldást ad azok számára, akik engedelmeskednek Neki, és intést azoknak, akik nem engedelmeskednek Neki.

„Ne imádd és ne tiszteld azokat; mert én, az Úr a te Istened, féltőn-szerető Isten vagyok, aki megbüntetem az atyák vétkét a fiakban, harmad és negyediziglen, akik engem gyűlölnek. De irgalmasságot cselekszem ezeriziglen azokkal, akik engem szeretnek, és az én parancsolatimat megtartják" (Exodus 20:5-6).

Amikor Isten azt mondja, hogy Ő „féltékeny Isten," nem jelenti azt, hogy ugyanolyan módon „féltékeny", ahogy az emberek féltékenyek. Mivel a valóságban a féltékenység nem része Isten jellemének. Isten a „féltékenységet" itt azért használja, hogy megkönnyítse számunkra, hogy megértsük a saját, emberi fogalmaink szerint. A féltékenység, ahogy az emberek érzik, a hús, a rossz, a tisztátalan fogalmába tartozik, és sérti az embereket, akik részt vesznek benne.

Például, ha a férj szeretete a felesége iránt átváltozik egy másik nő iránti szeretetté, és a feleség kezd féltékeny lenni a másik nőre, a hirtelen változás a feleségben ijesztő látvány lesz. A feleség tele lesz haraggal és gyűlölettel. Veszekszik a férjével, és a tudtára adja a hiányosságait, majd minden ismerősének elmondja, és szégyen éri így a férjet. Időnként a feleség el is megy a másik nőhöz, és harcol vele, vagy bepereli a férjét. Ebben az esetben, ha a feleség valami rosszat kíván, hogy a férjjel megtörténjen a féltékenysége eredményeként, a féltékenysége nem a szeretet féltékenysége, hanem a gyűlölet féltékenysége lesz.

Ha a nő igazán szerette volna a férjét lelki szeretettel, ahelyett, hogy féltékeny lett volna, először magára tekintett volna, és megkérdezte volna: „Jó az állásom Istennél? Igazán szerettem és szolgáltam a férjemet?" És ahelyett, hogy szégyent hozott volna a férjére azzal, hogy a hiányosságokat elmondja másoknak, kérte volna Istent, hogy adjon neki bölcsességet, hogy tudja visszahozni a férjét a hűségbe.

Akkor milyen féltékenységet érez Isten? Ha nem imádjuk

Istent, és nem élünk az igazságban, Isten elfordítja az arcát tőlünk, amikor szembe kell néznünk az erőpróbákkal, megpróbáltatásokkal és betegségekkel. Ha ez megtörténik, tudva, hogy a betegségek a bűnökből jönnek (János 5:14), a hívők bűnbánatot tartanak, és megpróbálják megkeresni Istent újra.

Mint lelkész, találkozom olyan egyháztagokkal, akik megtapasztalják ezt időről időre. Például, az egyik gyülekezeti tag lehet egy jólszituált üzletember, akinek az üzleti tevékenysége állandóan virágzik. Azzal az ürüggyel, hogy egyre elfoglaltabb, elveszíti a fókuszt és megszűnik imádkozni, és abbahagyja Isten munkáját. Még az a pont is eljön, hogy minden vasárnap hiányzik az istentiszteletről.

Ennek eredményeként, az Isten elfordítja az arcát ettől az üzletembertől és a vállalkozásától, amely egykor virágzó volt, de most válság elé néz. Csak ekkor veszi észre a hibát, hogy nem élt Isten parancsai szerint, és megbánja ezt. Isten inkább azt akarja, hogy az Ő szeretett gyermekei egy rövid időre kemény helyzetbe kerüljenek, és aztán megértsék az Ő akaratát, üdvözüljenek, és a helyes úton járjanak, minthogy örökre elessenek.

Ha Isten nem a szeretet miatt érezné ezt a féltékenységet, hanem csak közömbösen figyelné a rossz cselekedeteinket, nem csak hogy nem vennénk észre a hibákat, de a szívünk kérges lenne, ami számunkra a bűn folyamatos elkövetését és végső soron az örök halált jelentené. Így a féltékenység, melyet Isten érez, az igaz szeretetből ered. Ez egy kifejezése az Ő nagy szeretetének és a vágynak, hogy megújítson minket, és elvezessen bennünket az örök életre.

Az áldás és az átok, amely a második parancsolattal szembeni engedelmesség vagy engedetlenség következménye

Isten a mi Teremtőnk és Atyánk, aki feláldozta az egyszülött Fiát, hogy minden ember üdvözülhessen. Minden ember élete fölött uralkodik, és azt akarja, hogy megáldja azokat, akik imádják Őt.

És nem imádni ezt az Istent, hanem a hamis bálványokat, azt jelenti, hogy utáljuk Őt. Azok az emberek, akik gyűlölik Istent, megkapják az Ő megtorlását, ahogy meg van írva, hogy a gyerekeket meg fogják büntetni az atyák bűneiért, a harmadik és negyedik generációig visszamenőleg (Exodus 20:5).

Ahogy körülnézünk, könnyen láthatjuk, hogy azok a családok, akik bálványokat imádnak generációk óta, továbbra is megtorlást kapnak. Ezekben a családokban előfordulhatnak rosszindulatú és vagy gyógyíthatatlan betegségek, deformitások, mentális retardáció, démon általi megszállottság, öngyilkosság, anyagi nehézségek, vagy bármilyen más erőpróba. És ha ezek a csapások a negyedik generációig folytatódnak, a család teljesen és helyrehozhatatlanul tönkremegy.

Miért gondolod, hogy Isten azt mondta, hogy megbünteti a „harmadik és negyedik generációt," és nem a „negyedik generációt?" Ez Isten együttérzését mutatja. Ő teret enged azoknak a leszármazottaknak, akik bűnbánatot tartanak, és keresik az Istent, annak ellenére, hogy őseik a hamis bálványokat imádták, és ellenségesek voltak Isten felé. Ezek az emberek okot adnak Istennek arra, hogy állítsa le a büntetést a háztartás ellen.

De azoknak, akiknek az ősei nagyon ellenségesek voltak Isten felé, és komoly bálványimádók voltak, mert kiépítették a gonoszt, szembe kell nézniük nehézségekkel, amikor megpróbálják elfogadni az Urat. Még akkor is, ha elfogadják, köti őket az őseik szellemi terhe, és mindaddig, amíg lelki győzelmet nem aratnak, sok nehézséget meg fognak tapasztalni az egész szellemi életükben. Az ellenséges ördög és a Sátán be fog avatkozni bármilyen módon, ahogy csak tud, hogy ezeket az embereket megóvja attól, hogy hitük legyen, annak érdekében, hogy örök sötétségbe húzza őket ezzel.

Ha azonban a leszármazottak, miközben Isten kegyelmére törekednek, bűnbánatot tartanak alázatos szívvel az őseik bűneiért, és próbálják kiűzni a bűnös természetet magukból, akkor Isten meg fogja védeni őket, minden kétséget kizáróan. Másrészt viszont, ha az emberek szeretik Istent, és betartják a Parancsolatait, az Isten megáldja a családjukat az ezredik generációig, lehetővé téve a számukra, hogy megkapják a Kegyelmét örökre. Ha megnézzük, hogyan bünteti meg a családot Isten a harmadik és negyedik generációig, de az ezredikig áldja meg, tisztán láthatjuk az Ő irántunk való szeretetét.

Most ez nem jelenti azt, hogy automatikusan bőséges áldásokat kapsz, csak azért, mert az őseid Isten nagy szolgái voltak. Például, Isten Dávidot „az én szívem szerint valónak" hívta, és megígérte, hogy megáldja a leszármazottait (1 Királyok 6:12). Azonban megtudjuk, hogy Dávid azon gyermekei, akik elfordultak Istentől, nem kapták meg a megígért áldásokat.

Ha megnézzük a izraeli királyok krónikáit, akkor láthatjuk, hogy azok a királyok, akik imádták és szolgálták Istent, megkapták az áldást, melyet Isten megígért Dávidnak. A vezetésük alatt a nemzet gyarapodott, és virágzott egészen addig, hogy a szomszédos nemzetek tiszteletet adtak nekik. Azonban azok a királyok, akik elfordultak Istentől, és vétkeztek Ellene, sok nehézséget megtapasztaltak az életük során.

Csak ha valaki szereti Istent, és megpróbál az igazságban élni anélkül, hogy beszennyezné magát a bálványokkal, tudja fogadni az összes áldást, melyet az ősei felépítettek neki.

Így, amikor megszabadulunk a szellemi és fizikai bálványoktól, amelyek utálatosak Istennek, és Őt helyezzük előtérbe, bőséges áldást kaphatunk, melyet Isten megígér minden hűséges szolgájának, és a következő generációknak is.

Negyedik fejezet
A harmadik parancsolat

„Az Úrnak a te Istenednek nevét hiába fel ne vedd"

Exodus 20:7

„Az Úrnak a te Istenednek nevét hiába fel ne vedd; mert nem hagyja azt az Úr büntetés nélkül, aki az ő nevét hiába felveszi."

Könnyen látható, hogy az izraeliták valóban dédelgették Isten szavait, ahogy lejegyezték a Bibliát, vagy akár olvastak belőle.

Mielőtt a nyomtatást feltalálták, az emberek kézzel írták le a Bibliát. És minden alkalommal, amikor a „Jehova" szót le kellett írni, az író a testét többször is megmosta, és megváltoztatta a tollát is, mert a név annyira szent volt. És amikor az író hibázott, ki kellett vágni azt a részt, és új írást kellett ráhelyezni. De ha a „Jehova" szót történetesen hibásan nyomtatták, mindent teljesen átvizsgáltak az elejétől fogva.

Egyszer, amikor az izraeliták olvastak a Bibliából, nem olvasták fel a „Jehova" nevet hangosan. Ehelyett „Adonainak," azaz: „Én Uramnak" olvasták, mert úgy ítélték meg, Isten neve túl szent ahhoz, hogy hangosan felolvassák.

Mivel a „Jahve" név Istent képviseli, azt hitték, hogy Isten dicsőséges és szuverén jellegére is utal. Számukra a név a Mindenható Teremtőt jelentette.

„Az Úrnak a te Istenednek nevét hiába fel ne vedd"

Vannak, akik nem is emlékeznek, hogy van egy ilyen parancsolat a Tízparancsolatban. Még a hívők között is vannak olyan emberek, akik Isten nevét nem tartják nagy becsben, és a végén visszaélnek az Ő nevével.

A „rosszul használni" azt jelenti, hogy valamit rosszul, vagy nem megfelelő módon használnak. És visszaélni Isten nevével azt, hogy az Isten szent nevét helytelen, gonosz, vagy hamis módon használják.

Például, ha valaki a saját feje szerint beszél, de azt állítja, hogy Isten szavait szólja, vagy ha úgy viselkedik, ahogy akar, és azt állítja: Isten akarata cselekszik, akkor visszaél az Ő nevével. Isten nevét hazug eskütételre használni, viccelődni vele, stb., mind arra példa, hogy Isten nevét hiába használjuk.

Másik gyakori módja annak, hogy Isten nevét hiába a szájukra veszik az, amikor azok, akik nem is keresik Őt, amikor szembetalálják magukat egy nyomasztó helyzettel, bosszúsan azt mondják: „Isten olyan közömbös!" vagy „Ha Isten valóban létezik, hogyan történhet ez meg?"

Hogyan hívhatna minket Isten bűntelennek, ha mi, a teremtettjei, visszaélünk a saját Teremtőnk nevével, aki megérdemli a legnagyobb tiszteletet és dicsőséget? Ezért kell Istent tisztelnünk, és megpróbálnunk az igazságban élni, folyamatosan vizsgálva magunkat, hogy megbizonyosodjunk arról, hogy nem vagyunk arcátlanok vagy tiszteletlenek Isten előtt.

Miért bűn Isten nevének a hiábavaló használata?

Először is, visszaélni Isten nevével annak a jele, hogy nem hiszünk Benne.

Még a filozófusok között is, akik azt állítják, hogy az élet értelmét és az univerzum létezését tanulmányozzák, vannak olyan emberek, akik azt mondják, „Isten halott." És még néhány hétköznapi ember is, meggondolatlanul azt mondja: „Nincs Isten."

Egyszer, egy orosz űrhajós azt mondta: „Kimentem a világűrbe, és Istent sehol sem láttam." Mint űrhajósnak, neki tudnia kellett volna jobban, mint bárki másnak, hogy a terület, amit feltárt, csak egy kis része volt a hatalmas univerzumnak. Milyen ostoba egy űrhajós részéről azt mondani, hogy Isten, az egész világegyetem Teremtője nem létezik, csupán azért, mert nem látta Istent az űr viszonylag jelentéktelen részében, amelyet meglátogatott!

A Zsoltárok 53:1 ezt tartalmazza: *„Ezt mondta a balgatag az ő szívében: Nincs Isten. Megromlottak és útálatos hamisságot cselekedtek, nincs aki jót cselekedjék."* Az a személy, aki alázatos szívvel nézi az életet, számtalan bizonyítékot felfedez arra, hogy a Teremtő Isten létezik (Rómaiak 1:20).

Isten mindenkinek adott egy lehetőséget, hogy higgyen Benne. Jézus Krisztus előtt, az ószövetségi időkben Isten megérintette a jó emberek szívét, hogy érezzék az élő Istent. Jézus Krisztus után, most, az újszövetségi időkben, Isten továbbra is kopogtat az emberek szívének ajtaján, sok különböző módon, hogy az emberek megismerjék Őt.

Éppen ezért a jó emberek megnyitják a szívüket, és elfogadják Jézus Krisztust, és üdvözülnek, függetlenül attól, hogy hogyan hallották az evangéliumot. Isten lehetővé teszi azok számára, akik komolyan keresik Őt, hogy megtapasztalják az Ő jelenlétét egy erős érzéssel a szívükben ima közben, látomások, vagy spirituális álmok révén.

Egyszer hallottam egyik gyülekezeti tagunk a vallomását, és nem tudtam mást tenni, csak csodálkozni. Egy éjszaka, ennek a nőnek az anyja, aki már elhunyt gyomorrákban, előjött az álmában, mondván: „Ha találkoztam volna Dr. Jaerock Leeval, aki vezető lelkész a Manmin Központi Templomban, meggyógyulhattam volna..." Ez a nő már ismerte a Manmin Központi Templomot, de ezzel az élménnyel, az egész családja regisztrált a templomban, és az egyetlen fia kigyógyult az epilepsziából.

Még mindig vannak olyan emberek, akik továbbra is tagadják Isten létezését, annak ellenére, hogy sok jellel mutatja meg nekünk a Létezését. Ez azért van, mert a szívük gonosz és ostoba. Ha ezek az emberek továbbra is megkeményítik a szívüket Isten ellen, hanyagul beszélnek Róla anélkül, hogy hinnének Benne, hogyan hívhatja Isten őket bűntelennek?

Isten, aki a fejünkön a hajszálat is megszámolja, nézi minden cselekedetünket tüzes szemekkel. Ha az emberek hinnének ebben, egyáltalán nem élnének vissza Isten nevében. Vannak, akik úgy tűnik, mintha hinnének, mivel azonban nem hisznek a szívük középpontjából, Isten nevét hiába veszik a szájukra. És ez bűn lesz Isten előtt.

Másodszor: Isten nevével visszaélni azt jelenti, hogy Istent figyelmen kívül hagyjuk.

Ha figyelmen kívül hagyjuk az Istent, azt jelenti, hogy nem tiszteljük Őt. Ha merjük nem tisztelni Istent, a Teremtőt, nem tudjuk azt mondani, hogy nem vagyunk bűnösök.

A Zsoltárok 96:4 ezt tartalmazza: *"Mert nagy az Úr és igen dicséretes, rettenetes minden isten felett."* Az 1 Timóteus 6:16 ezt tartalmazza: *"Kié egyedül a halhatatlanság, aki hozzáférhetetlen világosságban lakozik; akit az emberek közül senki nem látott, sem nem láthat: akinek tisztesség és örökké való hatalom. Ámen."*

Az Exodus 33:20 ezt tartalmazza: *"Orcámat azonban, mondá, nem láthatod; mert nem láthat engem ember, élvén!"* Isten a Teremtő olyan nagy és hatalmas, hogy mi, a teremtés, nem nézhetünk Rá tiszteletlenül, amikor csak tetszik nekünk.

Ezért a régi időkben, a jó lelkiismeretű emberek annak ellenére, hogy nem ismerték az Istent, a tisztelet szavaival utaltak a mennyországra. Például Koreában az emberek tiszteletteljes hangnemben beszéltek a mennyországról, vagy az időjárásról, hogy kimutassák a tiszteletüket a Teremtőnek. Lehet, hogy nem ismerték az Úr Istent, de tudták, hogy egy mindenható

Teremtő az univerzumban megadja nekik a dolgokat, amelyekre szükségük van, mint az eső fentről, az égből. Így akarták megmutatni a tiszteletüket Neki.

A legtöbb ember a tisztelet szavait használja, és nem él vissza a szülők nevével, vagy azon emberek nevével, akiket valóban tisztel a szívében. Tehát, ha a Teremtő Istenről beszélünk a világegyetemben és az életadóról, nem a legszentebb hozzáállással és a legmagasabb tisztelet szavaival kellene tennünk?

Sajnos, vannak olyan emberek, akik magukat hívőknek gondolják, de még nem mutatnak tiszteletet Istennek, nem is beszélve arról, hogy a Nevét nem veszik komolyan. Például viccelnek Isten nevével, vagy a Biblia szavait gondatlan módon használják. Mivel a Biblia azt mondja: „Isten volt az Ige" (János 1:1), ha nem tiszteljük a Biblia szavait, ez olyan, mintha nem tisztelnénk Istent.

Egy másik módja a tiszteletlenségnek Istennel az, hogy hazudunk az Ő nevével. Erre jó példa lenne, ha valaki arról beszél, amit a saját fejében elképzelt, és azt mondja: „Ez Isten hangja", vagy „Ezt a Szentlélek irányítja." Ha figyelembe vesszük, hogy egy idős személy nevének a nem megfelelő módon való használata durva és udvariatlan, akkor mennyivel nagyobb figyelmet kellene szentelnünk Isten nevének használatára ugyanilyen módon?

A mindenható Isten minden élőlény szívét és gondolatait ismeri, mint a tenyerét. És tudja, hogy a cselekedetüket a gonosz vagy a jó motiválja vagy nem. A szeme olyan, mint a tűz, és figyeli minden ember életét, és minden embert a cselekedetei alapján ítél meg. Ha valaki igazán hisz ebben, így biztosan nem élhet vissza az Isten nevével, vagy követheti el azt a bűnt, hogy szemtelen Vele.

Még egy dolog, amit nem szabad elfelejtenünk, hogy azok az emberek, akik igazán szeretik Istent, nem csak akkor kell hogy óvatosak legyenek, amikor Isten nevét említik, de akkor is, ha Vele kapcsolatos dolgokkal foglalkoznak. Az emberek, akik igazán szeretik Istent, a templomot és az egyházat, valamint annak a tulajdonát még óvatosabban kezelik, mint a saját tulajdonukat. És nagyon óvatosak, ha olyan pénzzel járnak, amely a templomé, nem számít, milyen kis mennyiségről van szó.

Ha véletlenül eltörsz egy poharat, egy tükröt, vagy egy templom ablakát, úgy teszel, mintha meg sem történt volna, és elfelejted? Nem számít, milyen kicsi dolgok azok, amelyeket kifejezetten Istennek és az Ő szolgálatának szánunk, soha nem szabad figyelmen kívül hagyni őket, vagy visszaélni velük.

Óvatosnak kell lennünk azzal is, hogy ne ítéljük el, vagy kicsinyeljük le Isten emberét, vagy egy eseményt, melyet a Szentlélek vezetett, mivel ezek közvetlenül kapcsolódnak Istenhez.

Bár Saul sok gonoszt elkövetett Dávid ellen, és nagy veszélyt jelentett számára, Dávid megkímélte Saul életét végig, kizárólag azon az alapon, hogy Saul egyszer egy Isten által felkent király volt (1 Sámuel 26:23). Hasonlóképpen, az a személy, aki szereti és tiszteli Istent, nagyon óvatos lesz mindennel, ami kapcsolódik Istenhez.

Harmadszor, visszaélni Isten nevével azt jelenti, hogy hazugságot követünk el az Ő nevében.

Ha megnézzük az Ószövetséget, van néhány hamis próféta beágyazva Izrael történelmébe. Ezek a hamis próféták összezavarták az embereket azáltal, hogy azt az információt adták nekik, hogy Isten emberei voltak, de valójában nem voltak azok.

A Deuteronomé 18:20-ban Isten szigorú figyelmeztetést ad ezekkel az emberekkel kapcsolatban. Ezt mondja: *„De az a próféta, aki olyat mer szólani az én nevemben, amit én nem parancsoltam néki szólani, és aki idegen istenek nevében szól: haljon meg az a próféta."* Ha valaki Isten nevében hazudik, a büntetése halál lesz.

A Jelenések 21:8 ezt tartalmazza: *„A gyáváknak pedig és hitetleneknek, és útálatosoknak és gyilkosoknak, és paráznáknak és bűbájosoknak, és bálványimádóknak és minden hazugoknak, azoknak része a tűzzel és kénkővel égő tóban lesz, ami a második halál."*

Ha van egy második halál, azt jelenti, hogy van egy első halál is. Ez arra utal, hogy az emberek meghalnak ebben a világban, ha nem hisznek Istenben. Ezek az emberek az alsó sírba mennek, ahol megkapják a fájdalmas büntetésüket a bűneikért. Másrészt azok, akik üdvözülnek, olyanok lesznek, mint a királyok ezer éven át a millenniumi királyság idején a földön, miután találkoztak az Úr Jézus Krisztussal a levegőben az Ő második eljövetelekor.

A millenniumi királyság után ott lesz a Nagy Fehér Trón ítélete, ahol minden embert meg fognak ítélni, és kapni fog akár lelki jutalmakat, vagy büntetést, a tettei szerint. Ekkor azok a lelkek, akik nem üdvözültek, szintén szembenéznek az ítélettel, mindenki a bűnei súlya szerint, és vagy a tűz, vagy az égő kén tavába kerül. Ez az, amit úgy ismerünk, mint a második halál.

A Biblia azt mondja, hogy minden hazug meg fogja tapasztalni a második halált. Itt, a hazugok azokra vonatkozik, akik Isten nevét felhasználva hazudnak. Ez nem csupán a hamis prófétákra vonatkozik, hanem azokra az emberekre, akik megesküsznek Isten nevére, és megtörik az esküt, mivel ez ugyanaz, mintha az Ő nevében hazudnának, és így visszaélnének az Ő nevével. Mózes harmadik könyve 19:12-ben Isten ezt mondja: *„És ne esküdjetek hamisan az én nevemre, mert megfertőzteted a te Istenednek nevét. Én vagyok az Úr."*

Vannak olyan hívők, akik néha hazudnak, Isten nevét használva. Például lehet, hogy azt mondják: „Amíg imádkoztam, hallottam a Szentlélek hangját. Azt hiszem, Isten tette ezt," annak ellenére, hogy Istennek semmi köze nem volt hozzá. Vagy lehet, hogy valami történik, és annak ellenére, hogy nem biztos, azt mondják, „Isten hagyta, hogy ez megtörténjen." Rendben van, ha ez tényleg Isten munkája, de ez akkor jelent problémát, ha nem a Szentlélek munkája, de azt mondják, hogy az.

Természetesen, mint Isten gyermekeinek, mindig meg kell hallgatnunk a Szentlélek hangját, és meg kell kapnunk az Ő útmutatását. De fontos tudni, hogy csak azért, mert Isten üdvözült gyermeke vagy, ez nem jelenti azt, hogy mindig hallhatod a Szentlélek hangját. Amennyire az ember képes megszabadulni a bűnöktől, és megtelni az igazsággal, képes lesz arra, hogy meghallja a Szentlélek hangját, de sokkal pontosabban. És ha valaki nem él az igazságban, de kompromisszumokat köt a világgal, nem tudja tisztán hallani a Szentlélek hangját.

Ha valaki tele van hazugsággal, és a saját testi gondolkodását hevesen és tüntetően a Szentlélek munkájának tünteti fel, nem csak mások előtt hazudik, hanem Isten előtt is. Még ha valóban hallja is a Szentlélek hangját, amíg száz százalékban nem hallja, erőfeszítéseket kell tennie, hogy diszkrét maradjon. Ezért tartózkodnunk kell attól, hogy meggondolatlanul valamit a Szentlélek munkájának hívjunk, és az ilyen kijelentéseket nagy körültekintéssel kell kezelnünk.

Ugyanez a szabály vonatkozik az álmokra, látomásokra és

más spirituális élményre. Vannak olyan álmok, amelyek Istentől érkeznek, de olyanok is, amelyek az egyén erős vágya vagy aggodalma miatt jelennek meg. És néhány álom akár a Sátán munkája is lehet, így senki nem ugorhat, ezt mondva: „Ezt az álmot az Isten adta," mert ez helytelen dolog lenne Isten előtt.

Vannak esetek, amikor az emberek Istent vádolják a megpróbáltatások és nehézségek miatt, amelyeket valójában a Sátán okozott, a saját bűneik következtében. És vannak idők, amikor az emberek gondatlanul Isten nevét emlegetik, megszokásból. Ha a dolgok úgy tűnik, hogy jó úton haladnak, azt mondják, „Isten megáldott." Amikor nehézségek jönnek, azt mondják: „Ó, az Isten becsukta az ajtót." Vannak olyanok is, akik hitvallást mondanak, de fontos tudni, hogy nagy különbség van az igaz szívvel és a komolytalan szívvel tett vallomás között.

A Példabeszédek 3:6 ezt tartalmazza: *„Minden te útaidban megismerd őt; akkor ő igazgatja a te útaidat."* De ez nem jelenti azt, hogy mindig, mindent fel kell címkézni Isten szent nevével. Valaki, aki elismeri Istent minden módon, megpróbál az igazság szerint élni minden időben, és így még nagyobb óvatossággal használja Isten nevét. És ha használnia kell, akkor hű és bölcs szívvel teszi ezt.

Ezért, ha nem akarjuk elkövetni az Isten nevével való visszaélés bűnét, arra kell törekednünk, hogy meditáljunk az igéről éjjel-nappal, legyünk éberek az imában, és teljünk el a Szentlélekkel. Csak ha ezt tesszük, tudjuk tisztán hallani a

Szentlélek hangját, és cselekedni az igazságban, az Ő útmutatása szerint.

Mindig tiszteld Őt, hogy nemesnek gondoljanak téged

Isten pontos és aprólékos. Minden egyes szava, amit a Bibliában használ helyes és megfelelő. Ha megnézzük, hogyan szólítja meg a hívőket, akkor láthatjuk, hogy Isten csak a megfelelő szavakat használja, minden helyzetben. Például, ha valakit „testvérnek," vagy „szeretettnek" szólít, teljesen más hangnemet és jelentést közvetít. Néha Isten az embereket „atyák", vagy „fiatalemberek," vagy „gyerekek", stb. megszólításokkal illeti, mindig a megfelelő szavakkal, a megfelelő definícióval, attól függően, hogy a címzett hitének mekkora a mértéke (1 Korinthusi 1:10; 1 János 2:12-13, 3:21-22).

Ugyanez vonatkozik a Szentháromság nevére. Különböző neveket látunk, amelyeket a szentháromságra használ: „Úr Isten, Atya, a Messiás, Úr Jézus, Jézus Krisztus, Bárány, az Úr Lelke, Isten Lelke, Szentlélek, a Szentség Lelke, Lélek (Mózes 2:4; 1 Krónikák 28:12, Zsoltárok 104:30, János 1:41, Rómaiak 1:4).

Különösen az Újszövetségben, mielőtt Jézus Krisztus felvette a keresztet, „Jézus, Mester, az Ember Fia" névvel illették őt, de miután meghalt és feltámadt, az úgynevezett „Jézus Krisztus, az Úr Jézus Krisztus, a Názáreti Jézus Krisztus" lett belőle (1

Timóteus 6:14; Apostolok Cselekedetei 3:6).

Mielőtt keresztre feszítették, nem fejezte be a küldetését, mint a Megváltó még, így ő volt a „Jézus", ami azt jelenti: „az, aki megmenti népét bűneitől" (Máté 1:21). De miután befejezte a küldetését, ő volt az úgynevezett „Krisztus", amely a „Megváltó" jelentést hordozza.

Isten, aki tökéletes, azt akarja, hogy helyesek és tökéletesek legyenek a szavaink és a tetteink is. Ezért, amikor Isten szent nevét kiejtjük, pontosabban kell kifejeznünk magunkat. Ezért Isten azt mondja az 1 Sámuel 2:30-ban: *„Mert akik engem tisztelnek, azoknak tisztességet szerzek, akik azonban engem megutálnak, megutáltatnak."*

Tehát, ha valóban nagy tisztelettel vagyunk Isten iránt, a szívünk központjából, soha nem fogjuk azt a hibát elkövetni, hogy visszaélünk az Ő nevével, és félni fogjuk Őt mindenkor. Szóval imádkozom, hogy mindig éber legyél az imában, és éber a szívedben, hogy az életeddel dicsőséget adj Istennek.

Ötödik fejezet

A negyedik parancsolat

„Megemlékezzél a szombatnapról, hogy megszenteljed azt"

Exodus 20:8-11

„Megemlékezzél a szombatnapról, hogy megszenteljed azt. Hat napon át munkálkodjál, és végezd minden dolgodat; De a hetedik nap az Úrnak a te Istenednek szombatja: semmi dolgot se tégy azon se magad, se fiad, se leányod, se szolgád, se szolgálóleányod, se barmod, se jövevényed, aki a te kapuidon belől van."

Ha elfogadtad Krisztust és Isten gyermeke lettél, az első dolog, amit tenned kell az, hogy imádd Istent minden vasárnap, és hogy az egész tizedet kifizesd. A teljes tized kifizetése és a felajánlások megtétele mutatja a hitedet Istenben, aki hatalmat gyakorol minden fizikai és anyagi dolog fölött, és a vasárnap napjának megszentelése az Istenbe vetett hitedet mutatja, aki a hatalmat gyakorolja minden spirituális dolog fölött. (Lásd Ezékiel 20:11-12).

Ha hittel cselekszel, elismerve Isten szellemi és fizikai tekintélyét, megkapod Isten védelmét a katasztrófák, kísértések és szorongatások ellen. A tized felajánlásáról részletesebben a 8. fejezetben beszélünk még, így ez a fejezet kifejezetten a vasárnap napjának megszentelésére összpontosít.

Miért a vasárnap lett a sabbat napja

Az Istennek szentelt pihenőnap az úgynevezett „sabbat" nap. Ez onnan származik, amikor Isten, a Teremtő, megalkotta az univerzumot és az embert hat nap alatt, majd megpihent a hetedik napon (Mózes 2:1-3). Isten megáldotta ezt a napot, és megszentelte, hogy az ember pihenhessen ezen a napon (Genesis 2:1-3).

Az ószövetségi időkben, a sabbat napja valójában a szombat volt. Még ma is, a zsidók folyamatosan szombaton tartják a sabbatot. De ahogy beléptünk az újszövetségi időkbe, a vasárnap lett a szombat napja, és ezt a napot az „Úr napjának" hívjuk. János 1:17 azt mondja: *„Mert a törvény Mózes által adatott, a kegyelem pedig és az igazság Jézus Krisztus által lett."* És Máté 12:8 ezt tartalmazza: *„Mert a szombatnak is Ura az embernek Fia."* És pontosan ez történt.

Miért változott a szombat vasárnapra? Ez azért van, mert a nap, amikor az emberiség képes igazi pihenésre, az Jézus Krisztus által vasárnap van.

Az első ember, Ádám engedetlensége miatt, az egész emberiség a bűn rabszolgájává vált, és nem volt igazi szombatja. Az ember csak homloka verejtéke által tudott enni, és szenvednie kellett, valamint megtapasztalnia a könnyek, a bánat, a betegség és a halál dolgait. Ez az ok, amiért Jézus eljött erre a világra emberi test formájában, és amiért keresztre feszítették annak érdekében, hogy megfizesse az egész emberiség bűneit. Meghalt és feltámadt a harmadik napon, legyőzte a halált, és a feltámadás zsengéjévé vált.

Jézus tehát megoldotta a bűn kérdését, és megadta az igazi szombatot az egész emberiségnek, kora hajnalban vasárnap, az első napon a szombat napja után. Emiatt az újszövetségi időkben a vasárnap – a nap, amikor Jézus Krisztus befejezte az üdvösség útját az egész emberiség számára – lett a szombat.

Jézus Krisztus, a sabbat Ura

Az Úr tanítványai szintén a vasárnapot jelölték ki a sabbat napjának, mert megértették ennek a spirituális jelentőségét. A Cselekedetek 20:7 ezt tartalmazza: *„A hétnek első napján pedig a tanítványok egybegyűlvén a kenyér megszegésére, Pál prédikál vala nékik, mivelhogy másnap el akara menni; és a tanítást megnyújtá éjfélig,"* és az 1 Korinthusi 16:2 ezt tartalmazza: *„A hétnek első napján mindenitek tegye félre magánál, amit sikerül összegyűjtenie, hogy ne akkor történjék a gyűjtés, amikor odamegyek."*

Isten tudta, hogy ez a változás a szombati napon meg fog történni, utalt is erre az Ószövetségben, amikor azt mondta Mózesnek: *„S Szólj Izráel fiainak és mondd meg nékik: Mikor bementek a földre, amelyet én adok néktek, és megaratjátok annak vetését: a ti aratástok zsengéjének első kévéjét vigyétek a papnak. Az pedig lóbálja meg a kévét az Úr előtt, hogy kedvesen fogadtassék érettetek; a szombat után való napon lóbálja azt meg a pap. Amely napon pedig meglóbáltatjátok a kévét, áldozzatok az Úrnak egy ép, esztendős bárányt egészen égőáldozatul"* (Léviták könyve 23:10-12).

Isten azt mondta az izraelitáknak, hogy ha beléptek a Kánaán földjére, áldozzák fel az első betakarított gabonát a szombatot követő napon. Az első betakarított gabona az Urat szimbolizálja, aki a feltámadás zsengéje lett. És az egyéves bárány, amely hibátlan, Jézus Krisztust jelképezi, aki az Isten

Báránya.

Ezek a versek azt mutatják, hogy vasárnap, szombat után Jézus, aki békeáldozat és a feltámadás zsengéje lett, feltámadást ajándékoz, és igazi szombatot ad mindazoknak, akik hisznek benne.

Emiatt vasárnap – az a nap, amikor Jézus Krisztus feltámadt – egy igazi öröm – és hálaadás-nappá vált, amikor az új élet fogant, és az út az örök élet felé megnyílt, valamint az a nap, amikor az igazi szombatra végre sor került.

„Emlékezz a szombatra, tartsd meg szentnek"

Akkor miért teremtette Isten a szombatot szentnek, és miért mondja népének, hogy szent?

Ennek az oka, hogy – bár lehet, hogy egy hús-vezérelt világban élünk – Isten azt akarta, hogy emlékezzünk a szellemi világ dolgaira is. Azt akarta, hogy megbizonyosodjon arról: a mi reménységünk nem kizárólag a romlandó dolgok iránt való ezen a világon. Azt akarta, hogy emlékezzünk a Mesterre és a világegyetem Teremtőjére, és legyen reményünk az igazi és örök szombatban az Ő királyságában.

Az Exodus 20. fejezetének 9-10. versei ezt tartalmazzák: *„Hat napon át munkálkodjál, és végezd minden dolgodat; De a* *hetedik nap az Úrnak a te Istenednek szombatja: semmi dolgot se tégy azon se magad, se fiad, se leányod, se szolgád, se szolgálóleányod, se barmod, se jövevényed, aki a te kapuidon belől van."* Ez azt jelenti, hogy senki sem dolgozhat szombaton. Ez magában foglalja az embert saját magát, az alkalmazottait, az állatait, és a látogatókat a házában.

Ezért az ortodox zsidó embereknek nem szabad ételt készíteni, nehéz tárgyakat mozgatni, vagy nagy távolságokra utazni szombati napokon. Ez azért van, mert az összes ilyen tevékenység munkának minősül, és így nem felel meg a szombat szabályainak. Ezeket a korlátozásokat emberek hozták létre, és öröklődtek az idősektől a következő generációkra; ezért nem Isten szabályai.

Például, amikor a zsidók okot kerestek, hogy megvádolják Jézust, láttak egy férfit összeaszott kézzel, és megkérdezték Jézustól: „Szabad-é szombatnapon gyógyítani?" Még a betegek gyógyítását is „munkának," így szabályellenesnek gondolták.

Jézus ezt válaszolta nekik: *„Kicsoda közületek az az ember, akinek van egy juha, és ha az szombatnapon a verembe esik, meg nem ragadja és ki nem vonja azt? Mennyivel drágább pedig az ember a juhnál! Szabad tehát szombatnapon jót cselekedni"* (Máté 12:11-12).

A sabbat megtartása, amiről Isten beszél, nem pusztán azt jelenti, hogy tartózkodunk a munka minden fajtájától. Ha a nem hívők pihennek és otthon maradnak, vagy elmennek szabadidős tevékenységeket élvezni, ez egy fizikai távolmaradás, pihenés a munka helyett. Ez nem tekinthető „szombatnak," mert nem ad igazi életet. Először meg kell érteni a „szombat" spirituális jelentését annak érdekében, hogy megtartsuk szentnek és áldottnak, ahogy Isten először akarta.

Amit Isten akar az, hogy ezen a napon ne fizikai pihenéssel, hanem lelki pihenéssel töltsük az időt. Az Ézsaiás 58:13-14 kifejti, hogy a szombati napokon az emberek nem tehetik azt, amit akarnak, a maguk módján, üres szavakat ejtve, vagy élvezve a világ örömeit. Ehelyett meg kell tartaniuk ezt a napot szentnek.

Szombati napokon az ember nem vegyülhet össze a világ kusza eseményeivel, hanem el kell mennie a templomba, amely az Úr teste, meg kell ennie az élet kenyerét, amely az Isten beszéde, közösségben kell lennie az Úrral imádságban és dicséretben, és lelki pihenést kell tartania az Úrban. A hívőknek osztozniuk kell Isten kegyelmén egymással, és segíteniük kell felépíteni egymás hitét. Ha ilyen lelki pihenést tartunk, Isten megnöveli a hitünket, és a lelkünket hagyja boldogulni.

Tehát, mi kell tennünk pontosan ahhoz, hogy a szombatot szentnek megtartsuk?

Először is kívánnunk kell a szombat napjának áldásait, és fel kell készülnünk, hogy tiszta edények legyünk.

A szombati nap az a nap, amelyet Isten megszentelt, és örömteli nap, amikor áldásokat kaphatunk Istentől. Az utolsó része a Mózes 20:11-nek azt mondja: *"Ezért az Úr megáldotta a szombat napját, és szentté formálta,"* és az Ézsaiás 58:13 ezt mondja: *"És a szombatot gyönyörűségnek hívod, az Úr szent és dicsőséges napjának, és megszenteled azt."*

Még ma is, mivel a zsidók megtartják szombaton a szombati napot, mint az ószövetségi időkben, a felkészülést a szombati nap előtt egy nappal már elkezdik. Elkészítik az ételeket, és ha az otthonuktól távol dolgoznak, akkor intézkednek, hogy legkésőbb péntek este hazamenjenek.

Mi is el kell hogy készítsük a szívünket szombaton, vasárnap előtt. Minden héten mindig éberen kell imádkoznunk, mielőtt a vasárnap jön, és meg kell próbálnunk az igazságban élni minden időben, hogy ne építsünk fel bűnből akadályt Isten és magunk közé.

Így a sabbat napjának megszentelése nem jelenti azt, hogy Istennek csak egyetlen napot szentelünk. Azt jelenti, hogy az egész hetet Isten szavai szerint éljük meg. Ily módon, ha nem tettünk semmi olyant a hét folyamán, ami elfogadhatatlan Isten számára, bűnbánatot kell tartanunk, és fel kell készülnünk a vasárnapra tiszta szívvel.

Amikor elmegyünk a vasárnapi istentiszteletre, Isten elé hálás szívvel kell állnunk. Örömteli, felkészült szívvel kell Elé állnunk, mint egy menyasszony, akire vár a vőlegény. Ezzel a fajta hozzáállással, felkészülhetünk fizikailag azzal, hogy fürdőt veszünk, és még a borbélyhoz vagy a szalonba is elmehetünk, hogy megbizonyosodjunk arról, hogy tiszta és gondozott a megjelenésünk.

Talán még a házat is kitisztítjuk. Csinos és tiszta ruhát választunk időben magunknak, amit a templomban viselhetünk. Nem szabad részt vennünk semmilyen világi ügyben, ami késő szombat estig tart vasárnap előtt. Tartózkodnunk kell az olyan tevékenységtől, amely akadályozhatja az imádatot, amit felkínálunk Istennek vasárnap. Továbbá, meg kell próbálni megvédeni a szívünket az ingerlékeny, dühös vagy ideges érzelmektől, hogy imádjuk Istent lélekben és igazságban.

Izgalmas és szerető szívvel kell készülnünk a vasárnapra, és felkészülnünk, hogy olyan edények legyünk, amely méltó Isten kegyelmének a fogadására. Ez lehetővé teszi számunkra, hogy megtapasztaljuk a szellemi szombatot az Úrban.

Másodszor, a vasárnapot teljesen Istennek kell szentelnünk.

Még a hívők között is vannak emberek, akik csak vasárnap reggel tisztelik Istent, az istentiszteleten, majd kihagyják ki az esti istentiszteletet. Azért teszik ezt, mert pihennek, szabadidős tevékenységet végeznek, illetve gondoskodnak a többi üzletükről. Ha azt szeretnénk, hogy megfelelően megtartsuk a szombatot szentnek és istenfélő szívünk legyen, meg kell tartanunk az egész napot szentnek. Az ok, amiért kihagyjuk a délután istentiszteletet azért, hogy különböző dolgokat elvégezzünk az, hogy hagyjuk, hogy a szívünk kövesse a hús vágyait, és követjük a világi dolgokat.

Ezzel a fajta hozzáállással nagyon könnyű elterelni a gondolatainkat más gondolatokhoz a reggeli istentisztelet alatt. És bár lehet, hogy elmentünk a templomba, de nem fogjuk Istent igazából tisztelni. Az istentisztelet alatt az elménk tele lehet olyan gondolatokkal, mint például: „Hazamegyek és pihenek, amint az istentiszteletnek vége," vagy „Annyira szórakoztató lesz, hogy a barátaimmal lehetek templom után," vagy „jobb, ha sietek, és megnyitom a boltot, amint ennek vége." Mindenféle gondolatok fognak megszületni az elménkben, és nem leszünk képesek összpontosítani az üzenetre, talán álmosak és fáradtak leszünk az istentisztelet alatt.

Természetesen az új hívők, akiknek a hite még fiatal, könnyen szórakozottak lehetnek, vagy mert fizikailag nagyon fáradtak, álmosak lesznek. Mivel Isten tudja mindenki hitének a mértékét, és mindenki szívének a közepét is látja, Ő irgalmas lesz hozzájuk. De ha valaki, aki állítólag jelentős hittel bír, rendszeresen elalszik az istentisztelet közben, az egyszerűen csak tiszteletlen Istennel.

A szombatot megtartani szentnek nem csak azt jelenti, hogy fizikailag a templomban vagyunk vasárnap. Azt jelenti, hogy a szívünk központját és a figyelmünk középpontját csak Istennek tartjuk fenn. Csak ha Istent rendesen, egész nap imádjuk vasárnap lélekben és igazságban, fogja ő örömmel fogadni a szívünk kellemes aromáját.

Annak érdekében, hogy a szombatot szentnek megtartsuk, az is fontos, hogyan töltjük el az órákat az istentiszteleten kívül, vasárnap. Ne gondoljuk: „Mivel részt vettem az istentiszteleten, megtettem mindent, amit tennem kellett." Az istentisztelet után közösségben kell lennünk más hívőkkel, és szolgálnunk kell Isten országát ahhoz, hogy megtisztítsuk az egyházat, vagy irányítanunk kell a forgalmat a templom parkolójában, vagy más önkéntes munkát kell végzünk a templomban.

Miután a napnak vége, és hazamegyünk pihenni, tartózkodnunk kell a szabadidős tevékenységektől, melyeket abból a célból űzünk, hogy kellemesen érezzük magunkat. Ehelyett meditálnunk kell az üzenetről, amit hallottunk aznap, vagy időt kell töltenünk a családdal, megosztva velük Isten kegyelmét és az igazságot. Nem lenne jó ötlet a tévét nézni, de ha történetesen nézzük, meg kell próbálnunk elkerülni bizonyos típusú műsorokat, amelyek a vágyunkat ingerlik, vagy arra sarkallnak, hogy keressük a világi örömöket. Ehelyett az egészséges, tiszta, sőt a hit-alapú műsorokra kell kapcsolnunk.

Amikor megmutatjuk Istennek, hogy igyekszünk tetszeni Neki még a kis dolgokban is, az Isten, aki a szívünk közepére tekint, az imádatunkat túláradó örömmel fogadja, eltölt bennünket a Szentlélek teljességével, és megáld minket, hogy igazi pihenésben legyen részünk.

Harmadszor: nem szabad világi munkát végeznünk.

Nehémiás, Izrael kormányzója Artaxerxes király alatt, Perzsia királya, mivel megértette Isten akaratát, nem csak újjáépítette Jeruzsálem város falait, de gondoskodott arról, hogy az emberek megtartsák a szombatot. Ezért megtiltotta a munkát vagy eladást a szombati napokon, és el is üldözte az embereket, akik a város falain kívül aludtak, és arra vártak, hogy üzleti tevékenységet folytassanak a következő napon, szombaton.

A Nehemiás 13:17-18-ban Nehemiás figyelmezteti a népét: „*Micsoda gonosz dolog ez, amit ti cselekesztek, hogy megfertőztetitek a szombatnak napját? Avagy nem így cselekedtek-é a ti atyáitok, s a mi Istenünk reánk hozá mindezen gonoszt és e városra?!*" Nehémiás azt mondja, hogy üzletelni egy szombati napon megsérti a szombatot, és felkavarja Isten haragját.

Aki megszegi a szombatot, nem ismeri el Isten hatalmát, és nem hiszi el az Ő ígéretét, hogy megáldja azokat, akik megtartják a szombatot szentnek. Ezért Isten, aki igazságos, nem tudja megvédeni őket, és szerencsétlenség éri őket.

Isten ugyanazt a dolgot parancsolja ma mindannyiunknak. Azt mondja, hogy keményen dolgozzunk hat napon át, majd pihenjünk meg a hetedik napon. És ha a szombati napot megtartjuk szentnek, akkor Isten nem csak ahhoz ad elegendőt nekünk, hogy pótoljuk a profitot, amit a hetedik napon megvalósítottunk volna, hanem meg fog áldani minket annyira, hogy a „raktáraink" túlcsordulnak.

Ha megnézzük az Exodus 16. fejezetét, látni fogjuk, hogy míg Isten minden nap gondoskodott az izraelitákról mannával és a fürjjel, amit elküldött nekik, a hatodik napon kétszer annyit küldött, mint a többi napon, így fel tudtak készülni a szombati napra. Az izraeliták között voltak, akik, puszta önzésből, kimentek begyűjteni a mannát szombaton, de visszatértek üres kézzel.

Ugyanez a lelki törvény vonatkozik ránk ma. Ha Isten egy gyermeke nem tartja meg a szombatot, és úgy dönt, hogy dolgozni fog szombaton, lehet, hogy rövid távú nyereségre tesz szert, de hosszú távon, ezért vagy azért, veszteséget fog megtapasztalni.

Az igazság az, hogy még ha úgy is tűnik, hogy nyereséget könyveltél el, Isten védelme nélkül biztos, hogy valami váratlan baj fog történni. Például előfordulhat, hogy balesetet szenvedsz, vagy beteg leszel, stb., ami a végén nagyobb veszteséget jelent, mint bármely megvalósított nyereség.

Épp ellenkezőleg, ha eszedbe jut a szombati napot szentnek megtartani, Isten vigyázni fog rád a hét többi részén, és jólétben leszel. A Szentlélek megőriz a tűzpilléreivel, és védelmet nyújt a betegségekkel szemben. Megáldanak téged és az üzletedet, a munkahelyedet, és mindenhol máshol áldásban lesz részed.

Ezért Isten megparancsolta a Tízparancsolatot. Még egy komoly büntetést is létrehozott, a megkövezést azoknak, akik dolgoztak szombati napokon, hogy az embereknek eszébe jusson a szombat napjának fontossága, és ne menjenek az örök halál útjára (Számok 15. fejezet).

Attól a pillanattól kezdve, hogy elfogadtam Krisztust az életembe, próbáltam emlékezni a szombatra, és próbáltam megtartani szentnek. Mielőtt megalapítottam a templomunkat, egy könyvesboltot vezettem. Vasárnaponként sokan jöttek, akik kölcsönözni vagy vásárolni akartak könyveket. És minden alkalommal, amikor ez történt, azt mondtam: „Ma van az Úr napja, így az áruház zárva van," és nem üzleteltem azon a napon. Ennek eredményeként, a veszteség megtapasztalása helyett, Isten valóban annyi áldást adott a hat nap alatt, hogy soha nem is kellett gondolnunk arra, hogy vasárnap dolgozzunk!

Amikor munkavégzés és az üzletelés szombati napon is megengedett

Ha megnézzük a Bibliát, voltak olyan esetek, amikor a munkát vagy az üzletelést engedélyezték szombati napokon. Ezek azok az esetek, ahol a munka szükséges az Úr munkájának elvégzéséhez, vagy a jó cselekedetekhez, mint például az emberek életének a megmentése.

A Máté 12:5-8 ezt tartalmazza: *„Vagy nem olvastátok-é a törvényben, hogy szombatnapon megtörik a papok a szombatot* *a templomban és nem vétkeznek? Mondom pedig néktek, hogy a templomnál nagyobb van itt. Ha pedig tudnátok, mi ez: Irgalmasságot akarok és nem áldozatot, nem kárhoztattátok volna az ártatlanokat. Mert a szombatnak is Ura az embernek Fia."*

Amikor a papok égő áldozatul lemészárolják az állatokat szombati napokon, ez nem tekinthető munkának. Tehát semmilyen munka, amit az Úrnak végzünk az Úr napján nem tekinthető a szombat áthágásának, hiszen Ő a szombat Ura.

Például, ha az egyház a kórust és a tanárokat meg akarja vendégelni egy étkezéssel, mivel keményen dolgoztak a templomban egész nap, de az egyházban nincs étkező, illetve megfelelő létesítmény, ahol ezt megtehetik, akkor megengedhető az egyháznak, hogy élelmet vásároljanak valahol máshol. Ez azért van, mert a szombat Ura Jézus Krisztus, és az étel megvásárlása ebben az esetben az Úr munkájának végzését jelenti. Természetesen ez lenne ideális, ha az ételt az egyházon belül lehetne elkészíteni.

Ha a könyvesboltok kinyitnak vasárnaponként az egyházon belül, ez nem tekinthető a szombat megszentségtelenítésének, mert az egyházi könyvesboltokban értékesített tételeket nem tekinthetjük a világ dolgainak, mert hitet adnak az embereknek az Úrban. Ezek közé tartoznak a Bibliák, himnuszkönyvek, a prédikációk felvételei, és más, egyházzal kapcsolatos dolgok. Továbbá, az automaták és büfék az egyházon belül is megengedettek, mert segítenek a hívőknek a templomban szombati napokon. A nyereséget, mely ezekből az eladásokból származik, támogatásokra vagy karitatív tevékenységre használják, így eltér a világi eladások nyereségétől, amely a templomon kívül keletkezik.

Isten nem úgy néz néhány fajta munkát szombaton, hogy az megsérti a szombatot, mint például a hadsereg, a rendőrség, kórházak, stb. munkája. Ezek olyan munkahelyek, ahol a munkát azért végzik, hogy megvédjék és megmentsék az életeket, és hogy jót cselekedjenek. Azonban, még ha ebbe a kategóriába tartozol is, meg kell próbálnod Istenre összpontosítani, akkor is, ha csak a szívedben teszed. A szíved rá kell hogy álljon arra, hogy a felettesedtől kérelmezd: változtassa meg a szabadnapot, ha ez lehetséges, annak érdekében, hogy a szombatot meg tudd tartani.

Mi a helyzet a hívőkkel, akik az esküvői szertartásukat vasárnap tartják? Ha azt állítják, hogy hisznek Istenben, és az esküvői szertartást az Úr napján tartják, ez azt mutatja, hogy a hitük nagyon fiatal. De ha úgy döntenek, hogy az esküvőt vasárnap tartják, és senki sem vesz részt az esküvőjükön az egyházból, sértve érezhetik magukat, és megcsúsznak a hitükkel. Ebben az esetben a gyülekezeti tagok részt vehetnek az esküvői szertartáson a vasárnapi istentisztelet után.

Ezzel odafigyelünk a házasulandókra, és megakadályozzuk, hogy fájdalmat érezzenek, és elcsússzanak a hívő életükben. Azonban, a ceremónia után nem elfogadható, hogy a fogadáson részt vegyél, mert a célja az, hogy a vendégek jól érezzék magukat.

Eltekintve ezektől az esetektől, sok további kérdés felmerülhet a szombattal kapcsolatban. De ha egyszer megérted Isten szívét, könnyen megtalálod a választ ezekre a kérdésekre. Ha a gonoszt kiűzöd a szívedből, akkor imádni fogod Istent teljes szívedből. Őszinte szeretettel viselkedhetsz másokkal, ahelyett hogy elítéled őket ember alkotta szabályokkal és előírásokkal, mint a szadduceusok és a farizeusok tették. Élvezheted az igazi szombatot az Úr napjának a megszentségtelenítése nélkül. Ezt követően, tudni fogod Isten akaratát minden helyzetben. Tudni fogod, mit kell tenned a Szentlélek útmutatásával, és mindig élvezheted a szabadságot az igazságban.

Isten a szeretet, így ha az Ő gyermekei engedelmeskednek a Parancsolatainak, és azt teszik, amit mond, megadja nekik, amit kérnek (1 János 3:21-22). Nem csak eláraszt bennünket az Ő kegyelmével, de meg is áld bennünket, így virágzóak és sikeresek leszünk minden területén az életünknek. Végül elvezet bennünket a legjobb lakóhelyre a mennyekben.

Előkészítette a mennyországot számunkra, hogy – mint ahogy a menyasszony és a vőlegény megosztja a szeretetet és a boldogságot – mi is meg tudjuk osztani a szeretetet és a boldogságot a mennyben a mi Urunkkal örökre. Ez az igaz szombat, melyet Isten tartogat számunkra. Szóval imádkozom, hogy a ti hitetek is érett legyen, és egyre nagyobb legyen napról-napra, ahogy emlékeztek arra, hogy a szombati napot meg kell tartani teljesnek és szentnek.

Hatodik fejezet

Az ötödik parancsolat

„Tiszteld atyádat és anyádat"

Exodus 20:12

„Tiszteld atyádat és anyádat, hogy hosszú ideig élj azon a földön, amelyet az Úr a te Istened ád te néked."

Egy hideg télen, amikor a koreai utcák tele voltak szenvedő menekültekkel a koreai háború következtében, volt egy nő, akinek szülni kellett. Mérföldeket kellett mennie, mielőtt elérte volna a tervezett célját, de a fájások egyre erősebbek és gyakoribbak lettek, ezért a nő óvatosan lemászott egy elhagyott híd alá. A hideg, fagyos földön fekve, elviselte a szülés fájdalmait, és egyedül világra hozott egy kisgyereket. Aztán betakarta a vér borította babát a saját ruhájával, és a keblére tette.

Néhány pillanattal később egy amerikai katona, aki elhaladt a hídon, meghallotta, hogy a baba sír. A síró hangot követve, lemászott a híd alá, ahol megtalálta a halott, fagyott, meztelen nőt, a síró baba fölé görnyedve, akit több réteg ruha takart. Mint a nő ebben a történetben, a szülők a gyermekeiket egészen addig a pontig szeretik, ahol egyszerűen és önzetlenül akár a saját életüket is feláldozzák értük. Akkor gondolhatjuk, hogy mennyivel nagyobb az Isten feltétel nélküli szeretete irántunk.

„Tiszteld atyádat és anyádat"

A „Tiszteld atyádat és anyádat" azt jelenti, hogy engedelmeskedünk a szüleink akaratának, és őszinte tisztelettel és udvariasan szolgáljuk őket. A szüleink adtak életet nekünk, és neveltek fel minket. Ha a szüleink nem léteznének, akkor mi sem léteznénk. Tehát, még akkor is, ha Isten ezt a parancsolatot nem vette volna be a Tízparancsolatba, a jó szívű emberek úgy is tisztelnék a szüleiket.

Isten ezt a parancsolatot szánja nekünk: „Tiszteld atyádat és anyádat", mert – mint ahogy az Efézus 6:1-ben említi: *„Ti gyermekek szót fogadjatok a ti szüleiteknek az Úrban; mert ez az igaz."* Azt akarja, hogy tiszteljük szüleinket az Ő szava szerint. Ha történetesen engedetlen vagy Isten szavával, de azért, hogy a szüleid kedvére tegyél, ez nem igazán a szüleid tisztelete.

Például, ha készülsz, hogy menj a templomba vasárnap, és a szüleid azt mondják, „Ne menj ma templomba. Töltsünk egy kis családi időt együtt" akkor mit kell tenned? Ha engedelmeskedsz a szüleidnek, hogy kedvezz nekik, ez nem igazán megtisztelő a számukra. Ezzel megsérted a szombat napját, és az örök sötétség felé való menetelt jelenti, a szüleiddel együtt.

Még ha engedelmeskedsz is nekik, és szolgálod őket testi, húsbeli értelemben, mivel ez spirituális értelemben az örök pokolba való menetelt jelenti, hogyan lehet azt mondani, hogy igazán szereted a szüleidet? Először Isten akarata szerint kell cselekedned, majd meg kell próbálnod meghatni a szüleid szívét, mert így mindannyian a mennybe mentek együtt. Ez jelenti igazán azt, hogy tiszteled őket.

A 2 Krónikák 15:16 ezt tartalmazza: *„De még Maakát, Asa király anyját is megfosztá a királynéságtól, mivel egy iszonyú bálványt emelt vala Aserának, és Asa elrontá és összetörte* *annak iszonyú bálványát, és a Kedron patakjánál megégeté."*

Ha egy nemzet királynője bálványokat imád, ezzel ellenséges Istennel, és az örök kárhozat felé gyalogol. Nem csak ez, hanem az alattvalóit is veszélyezteti azáltal, hogy a bálványimádás cselekedetét elköveti, és ők is az örök kárhozatra jutnak emiatt. Éppen ezért, bár Maaka az anyja volt, Asa nem próbált meg a kedvére tenni azzal, hogy engedelmeskedett neki, ehelyett leváltotta őt a pozíciójából, mint anyakirálynő úgy, hogy megbánhassa a tettét Isten előtt, és az emberek ugyanezt tegyék, miután felébredtek.

Azonban az anyakirálynő trónfosztása nem jelentette azt, hogy a kötelességét nem teljesítette, mint a fia. Mivel nagyon szerette az anyja lelkét, továbbra is tisztelte és becsülte őt, mivel az anyja volt.

Annak érdekében, hogy azt mondhassuk: „Igazán tiszteltem a szüleimet," segítenünk kell a hitetlen szülőket, hogy az üdvösséget megkapják, és a mennybe menjenek. Ha a szüleink már hívők, segítenünk kell nekik, hogy bekerüljenek a legjobb lakhelyre a mennyben. Ugyanakkor, azt is meg kell próbálni, hogy a lehető legjobban szolgáljuk őket, és a kedvükre legyünk az Isten igazságán belül, míg itt a földön élünk.

Isten a lelkünk Atyja

„Tiszteld atyádat és anyádat" végső soron ugyanazt jelenti, mint a „Tartsd meg Isten parancsolatait, és tiszteld Őt." Ha valaki igazán tiszteli Istent, a szíve mélyéről, tisztelni fogja a szüleit is. És hasonlóképpen, ha valaki őszintén szolgálja a szüleit, akkor őszintén fogja szolgálni Istent is. De az igazság az, hogy az elsődleges mindig az Isten kell hogy legyen.

Például sok kultúrában, ha egy apa azt mondja a fiának: „Menj keletre", akkor a fiú engedelmeskedni fog, és elmegy keletre. De ha ugyanekkor a nagyapja azt mondja: „Nem, ne menj keletre. Menj nyugatra." Ekkor az a helyes a fiú részéről, ha ezt mondja az apjának: „Nagyapa azt mondta, hogy menjek nyugatra," és elmegy nyugatra.

Ha az apa igazán tiszteli a saját apját, nem lesz dühös, csak azért, mert a fia engedelmeskedett a nagyapja szavának. Ez a törvény, hogy engedelmeskedünk az idősebbeknek a generációs szintek szerint, az Istennel való kapcsolatunkra is vonatkozik.

Isten az, aki megteremtette, és életet adott az apánknak, nagyapánknak, és minden ősünknek. Egy ember egy sperma és egy petesejt uniójából keletkezik. De az, aki az alap életmagot adja az embernek, az Isten.

A látható testünk nem más, mint az ideiglenes sátor, amit arra a rövid időre használunk, amíg itt élünk ezen a földön. Isten után az igazi mester, aki mindannyiunkban benne van, a lélek bennünk. Nem számít, milyen okos és jól értesült lesz az emberiség, senki sem tudja klónozni az ember lelkét. És még ha az ember képes is klónozni az emberi sejteket, és létrehoz egy emberi alakot, ha Isten nem ad formát a szellemnek, nem tudjuk emberi lénynek hívni azt a formát.

Ezért az igazi Atyja a lelkünknek az Isten. Ismerve ezt a tényt, meg kell tenni a lehető legtöbbet azért, hogy szolgáljuk és tiszteljük a fizikai szüleinket, azonban még jobban kell szeretnünk, szolgálnunk és tisztelnünk Istent, mert Ő a kezdeményezője és adakozója magának az életnek.

Tehát a szülő, aki megérti ezt, soha nem gondolja ezt: „Én szültem a gyermekemet, így azt teszek vele, amit akarok." Ahogy a Zsoltárok 127:3-ban írva van: „*Ímé, az Úrnak öröksége, a fiak; az anyaméh gyümölcse: jutalom,*" a hívő szülők a gyermeküket Istentől kapott vállalkozásnak tekintik, és egy felbecsülhetetlen értékű léleknek, akit Isten akaratának megfeleleőn kell ápolni, és nem a saját akaratuk szerint.

Hogyan tiszteljük Istent, a lelkünk Atyját

Akkor mit kell tennünk annak érdekében, hogy Istent tiszteljük, aki a lelkünk Atyja?

Ha valóban tiszteletben tartod a szüleidet, akkor engedelmeskedni fogsz nekik, és megpróbálsz örömet és vigaszt okozni nekik az életükben. Ugyanígy, ha valóban szeretnéd tisztelni

Istent, szeretned kell Őt, és engedelmeskedni a parancsainak.

Amint írva van az 1 János 5:3-ban: *„Mert az az Isten szeretete, hogy megtartjuk az ő parancsolatait; az ő parancsolatai pedig nem nehezek."* Ha igazán szereted Istent, akkor a parancsolatainak való engedelmeskedés élvezetes lesz a számodra.

Isten parancsolatait a Bibliában rögzített hatvanhat könyvben olvashatjuk. Ezek olyan szavakat tartalmaznak, mint a „szeress, bocsáss meg, köss békét, szolgálj, imádkozz," stb., amelyekkel Isten azt mondja, hogy tegyünk valamit, és vannak olyan szavak, mint a „ne utáld, ne ítéld el, ne legyél beképzelt," stb., amelyekkel Isten azt mondja, hogy ne tegyük meg ezeket. Vannak szavak, mint például: „Dobd el még a puszta formáját is a bűnnek," stb., ahol Isten azt mondja, hogy dobjunk ki valamit az életünkből, és olyan szavak, mint „a sabbat napját tartsd meg szentnek," stb., amelyekkel Isten azt mondja, hogy tartsunk meg valamit.

Csak ha a parancsok szerint cselekszünk, amelyek rögzítve vannak a Bibliában, és illatos aroma leszünk az Istennek, mint keresztények, akkor mondhatjuk, hogy igazán tiszteljük Istent, az Atyát.

Könnyen látható, hogy azok az emberek, akik szeretik és tisztelik Istent, szeretik és tisztelik a fizikai szüleiket is. Ez azért van, mert Isten parancsolatai már tartalmazzák a szülők tiszteletét és a testvéreink szeretetét.

Véletlenül nem az van, hogy szereted Istent, és a legjobb tudásod szerint szolgálod Őt a templomban, de figyelmen kívül hagyod a szüleidet otthon bármilyen módon? Van olyan, hogy alázatos és kedves vagy a testvérek előtt a templomban, de időnként durva és sértő vagy a családoddal otthon? Előfordul, hogy támadod az idős szüleidet olyan szavakkal és tettekkel, amelyek a frusztrációdat mutatják, mondván, hogy a szavaiknak nincs értelme?

Természetesen lehet, hogy te és a szüleid egymásnak ellentmondó véleményeket gondoltok, mert generációbeli, oktatásbeli vagy kulturális különbségek vannak köztetek. Azonban mindig meg kell próbálni tiszteletben tartani, és tisztelni a szüleinket véleményét először. Lehet, hogy igazunk van, de mindaddig, amíg a véleményük nem mond ellent a Bibliánaknak, képesnek kell lennünk arra, hogy a saját véleményünket feladjuk az övékkel szemben.

Soha nem szabad elfelejteni, hogy tiszteljük a szüleinket, mert megértjük, hogy azért tudtunk eddig élni, és megérni, mert szeretetet és áldozatot mutattak értünk. Vannak, akik úgy érzik, hogy a szüleik soha nem tettek semmit értük, és nehezen vagy egyáltalán nem tudják tisztelni őket. Azonban, még ha egyes szülők nem is voltak hűek a saját szülői felelősségükhöz, nem szabad elfelejtenünk, hogy a szülők tisztelete, akik életet adtak nekünk, alapvető emberi udvariasság.

Ha szereted Istent, a szüleidet tiszteled meg

Szeretni Istent és tisztelni a szülőket kéz a kézben járnak. Az 1 János 4:20 ezt tartalmazza: *"Ha azt mondja valaki, hogy: Szeretem az Istent, és gyűlöli a maga atyjafiát, hazug az: mert aki nem szereti a maga atyjafiát, akit lát, hogyan szeretheti az Istent, akit nem lát."*

Ha valaki azt állítja, hogy szereti Istent, de nem szereti a szüleit, és nem él békésen együtt a testvéreivel, akkor ez a személy képmutató, és hazudik. Ezért a Máté 15, 4-9 verseiben azt látjuk, hogy Jézus megszidja a farizeusokat és az írástudókat. A vének hagyománya szerint, amíg áldoztak Istennek, nem kellett aggódniuk, hogy a szüleiknek is adjanak.

Ha valaki azt mondja, hogy nem tud adni semmit a szüleinek, mert az Istennek kell adakoznia, ez nem csak hogy megtöri Isten parancsát arról, hogy tisztelni kell az ember szüleit, de – mivel Istent ürügyként használja – egyértelmű, hogy ez egy gonosz szívből jön, mert el akarja venni azt, ami jogosan a szüleié azért, hogy bebiztosítsa magát. Valaki, aki igazán szereti és tiszteli Istent, a szíve mélyéről, szeretni és tisztelni fogja a szüleit is.

Például, ha valaki, aki a múltban nem szerette a szüleit, megérti Isten szeretetét egyre jobban, elkezdi jobban megérteni a szülei szeretetét is. Minél jobban megtudod az igazságot, eldobod a bűneidet, és Isten szava szerint élsz, annál jobban tele lesz a szíved igaz szeretettel, és annál jobban képes leszel kiszolgálni és szeretni a szüleidet emiatt.

Az áldás, amit akkor kapunk, amikor betartjuk az ötödik parancsolatot

Isten ígéretet tett azoknak, akik szeretik Istent, és tisztelik a szüleiket. Az Exodus 20:12 azt mondja: *„Tiszteld atyádat és anyádat, hogy hosszú ideig élj azon a földön, amelyet az Úr a te Istened ád te néked."*

Ez a vers nem csupán azt jelenti, hogy hosszú életű leszel, ha tiszteled a szüleidet. Azt is jelenti, hogy amennyire tiszteled Istent és a szüleidet az Ő igazságában, Ő is megáld jóléttel és védelemmel az életed minden területén. A „hosszú élet" azt jelenti, hogy Isten megáldja a családodat, a munkahelyedet, vagy a vállalkozásodat a váratlan katasztrófáktól, így az életed hosszú és virágzó lesz.

Ruth, egy nő az Ószövetségből, ezt a fajta áldást kapta. Ruth egy pogány volt a Moáb földjéről, és ha a fizikai körülményeit nézzük, azt mondhatjuk, hogy kemény élete volt. Férjhez ment egy zsidó emberhez, aki elhagyta Izraelt, hogy elkerülje az éhínséget. De nem sokkal azután, hogy összeházasodtak, a férje meghalt, és otthagyta a nőt utódok nélkül.

Az apósa már elhunyt, és nem volt senki a házban férfi, aki eltartsa a családját. Az egyetlen ember, aki a háztartásban maradt, az anyósa, Naomi, és a sógornője, Orpah volt. Amikor az anyósa, Naomi úgy döntött, hogy visszatér Júdába, Ruth gyorsan elhatározta, hogy követi őt.

Naomi megpróbálta rávenni az ifjú menyét, hogy hagyja el őt, és próbáljon egy új, boldogabb életet élni, de Ruthot nem lehetett meggyőzni. Ruth törődni akart a megözvegyült anyósával, így végül utánament Judába, egy földre, mely teljesen idegen volt neki. Mivel szerette az anyósát, azt akarta, hogy teljesítse a feladatait, mint meny. Azt akarta, hogy a legjobb tudása szerint ápolja Naomit, ameddig csak tudta. Ehhez hajlandó volt feladni az esélyt egy új, boldogabb életre.

Ruth is a jó zsidó hitre tért az anyósa révén. Láthatjuk a megható vallomását a Ruth 1. fejezetének 16 és 17. versében:

> „Ruth pedig monda: Ne unszolj, hogy elhagyjalak, hogy visszaforduljak tőled. Mert ahova te mégy, oda megyek, és ahol te megszállsz, ott szállok meg; néped az én népem, és Istened az én Istenem. Ahol te meghalsz, ott halok meg, ott temessenek el engem is. Úgy tegyen velem az Úr akármit, hogy csak a halál választ el engem tőled."

Amikor Isten meghallotta ezt a vallomást, bár Ruth pogány volt, megáldotta őt, és az életét virágzóvá varázsolta. A zsidó szokás szerint, egy nő újra férjhez mehetett az elhunyt férje egyik rokonához, így Ruth képes volt egy új, boldog életet kezdeni a férje egyik rokonával, és az életét az anyósával élte tovább, mert nagyon szerette őt.

Ezen felül, az ő vérvonalából jött Dávid király, és Ruthot is az a megtiszteltetés érte, hogy osztozhatott a Megváltó, Jézus Krisztus genealógiáján. Ahogy Isten megígérte, mivel Ruth tisztelte a szüleit Isten szeretetében, bőséges testi és lelki áldásokat kapott.

Mint Ruthnak, nekünk is szeretnünk kell Istent először, majd tisztelnünk kell a szüleinket Isten szeretetében, így megkapjuk a megígért áldásokat, amelyek szerepelnek az Isten szavaiban: „hosszú ideig élhetsz azon a földön."

Hetedik fejezet

A hatodik parancsolat

„Ne ölj"

Exodus 20:13

„Ne ölj."

Mint lelkipásztor, sok egyháztaggal beszélgetek. Eltekintve a szokásos istentiszteletektől, találkozom velük, ha eljönnek, hogy megkapják az imádságomat, megosszák a vallomásukat, vagy lelki bátorítást kérnek tőlem. Annak érdekében, hogy segítsem őket, hogy a hitük erősebb legyen, gyakran megkérdezem őket: „Szereted Istent?"

„Igen! Szeretem Istent," a legtöbb ember magabiztosan válaszol. De ez gyakran azért van, mert nem értik a valódi spirituális jelentését annak, hogy szeretjük Istent. Szóval, ilyenkor megosztom velük a részletet: *„Mert az az Isten szeretete, hogy megtartjuk az ő parancsolatait"* (1 János 5:3), és megmagyarázom a spirituális jelentését az Isten iránti szeretetnek. Aztán amikor megkérdezem ugyanezt a kérdést ismét, a legtöbb ember kevésbé bízik önmagában, amikor második alkalommal is válaszol.

Nagyon fontos megérteni a spirituális jelentését Isten szavainak. És ugyanez a helyzet a Tízparancsolattal is. Tehát, mi a spirituális jelentősége a hatodik parancsolatnak?

„Ne ölj"

Ha megnézzük a Mózes negyedik fejezetét, tanúi lehetünk az emberiség első gyilkosságának. Ez az az eset, amikor Ádám fia, Káin, megöli öccsét, Ábelt. Miért történnek ilyen dolgok, mint ez?

Ábel áldozatot hozott Istennek oly módon, mely tetszett az Istennek. Káin oly módon mutatott áldozatot Istennek, amelyről azt hitte, hogy helyes, és ahogy legkényelmesebb volt számára. Amikor Isten nem fogadta el Káin áldozatát, ahelyett, hogy kitalálta volna, mit tett rosszul, Káin féltékeny lett a testvérére, dühös lett, és haragos.

Isten ismerte Káin szívét, és több alkalommal figyelmeztette Káint. Isten azt mondta neki: *„bűn az ajtó előtt leselkedik, és reád van vágyódása; de te uralkodjál rajta"* (Genezis 4:7). Ahogy írva van a Genezis 4:8-ban: *„És lőn, mikor a mezőn valának, támada Kain Ábelre az ő atyjafiára, és megölé őt,"* Káin nem volt képes ellenőrizni a dühöt a szívében, és végül a jóvátehetetlen bűnt elkövette.

„Amikor a mezőn valának," ez alapján kitalálhatjuk, hogy Káin várta a pillanatot, amikor egyedül lesz a testvérével. Ez azt jelenti, hogy Káin már elhatározta a szívében, hogy megöli a testvérét, és a megfelelő alkalmat kereste. A gyilkosság, amit Káin elkövetett, nem volt véletlen, a kontrollálatlan dühének az eredménye volt, amellyel egyetlen pillanatban cselekedett. Ez az, ami Káin gyilkosságát olyan nagy bűnné teszi.

Miután Káin elkövette a gyilkosságot, számos más gyilkossági eset is történt az egész emberiség történetében. És ma, mivel a világ tele van bűnökkel, számtalan gyilkosság történik, minden nap. A bűnözők átlagéletkora csökken, és a bűncselekmények típusa egyre rosszabb. Ami még rosszabb az, hogy manapság az az eset, amikor a szülők megölik a gyermekeiket, és a gyermekek megölik a szüleiket, nem olyan sokkoló többé.

Fizikai gyilkosság: egy másik ember életének kioltása

Jogilag kétféle gyilkosság van: az elsőfokú gyilkosság, ahol egyik személy megöli a másikat szándékosan, egy konkrét ok miatt, és a másodfokú gyilkosság, ha egy személy véletlenül, akaratán kívül megöl egy másik személyt. A rosszindulatból vagy anyagi haszonból elkövetett gyilkosság, vagy a véletlen gyilkosság a gondatlan vezetés miatt, mind példák a gyilkosságra, de a bűn súlya minden egyes esetben változik, a helyzettől függően. Egyes gyilkosságok nem tekinthetők bűnnek, mint például a vérontás a harctéren, vagy a jogos önvédelemből elkövetett gyilkosság.

A Biblia azt mondja, hogy ha valaki megöl egy tolvajt, aki betör a házába éjjel, nem kell figyelembe venni a gyilkosságot, de ha valaki megöl egy tolvajt, aki nappal tört be a házába, túlzott önvédelemről beszélünk, és ezt meg kell büntetni. Ennek oka, hogy több ezer évvel ezelőtt, amikor Isten nekünk adta a törvényeit, az emberek könnyen üldözőbe vették, vagy elkapták a tolvajt egy másik személy segítségével.

Isten a túlzott önvédelmet, ami miatt a vérontás történt,

bűnnek tekintette ebben az esetben, mert Isten tiltja az emberi jogok elhanyagolását és az emberi élet méltóságával való visszaélést. Ez azt mutatja, Isten igazságos és szerető (Mózes 22:2-3).

Öngyilkosság és abortusz

Eltekintve a fent említett típusú gyilkosságoktól, ott van az „öngyilkosság" helyzete is. Az „öngyilkosság" tisztán „gyilkosságnak" minősül Isten előtt. Istennek szuverenitása van minden ember élete fölött, és az öngyilkosság az a cselekmény, amely tagadja ezt a szuverenitást. Ez az oka annak, hogy az öngyilkosság nagy bűn.

Az emberek azért követnek el bűnöket, mert nem hisznek a halál utáni életben, vagy nem hisznek Istenben. Így annak tetejébe, hogy elkövetik a hitetlenség bűnét Istenben, a gyilkosság bűnét is elkövetik. Képzeld el, milyen ítélet vár rájuk!

Napjainkban, az Internet-felhasználás által okozott túlfeszültség miatt vannak olyanok, akik öngyilkosságot követnek el a weboldalak biztatására. Koreában az első számú halálok a negyvenes emberek között a rák, és a második az öngyilkosság. Ez egyre komolyabb társadalmi problémát jelent. Az embereknek meg kell érteniük, hogy nem vethetnek véget a saját életüknek, mert azzal, hogy befejezték az életüket itt a földön, nem jelenti azt, hogy a probléma, amit hátrahagynak, meg lesz oldva.

Akkor mi van a vetéléssel? Az igazság az, hogy egy gyermek élete fölött az anyaméhben Isten szuverén hatalmat gyakorol, így az abortusz is a gyilkosság kategóriájába tartozik.

Ma, amikor a bűn vezérli oly sok ember életét, a szülők elvetetik a gyerekeiket anélkül, hogy figyelembe vennék, hogy ez bűn. Egy másik személy életét elvenni önmagában is szörnyű bűn, de ha a saját gyermekük életét veszik el a szülők, lehet ennél nagyobb bűn?

A fizikai gyilkosság egyértelmű bűn, így minden országnak nagyon szigorú törvénye van ez ellen. Egy súlyos bűn Isten előtt is, így az ellenséges ördög mindenféle gyötrelmet hozhat azokra, akik gyilkosságot követnek el. Nem csak ez, hanem kemény ítélet vár rájuk a túlvilágon, így senki sem kellene hogy elkövesse a gyilkosság bűnét.

Spirituális bűn, amely árt a léleknek és a szellemnek

Isten úgy ítéli meg, hogy a fizikai gyilkosság szörnyű bűn, de a lelki gyilkosság éppen olyan szörnyű és súlyos bűn. Akkor mi is pontosan a spirituális gyilkosság?

Először is, a lelki gyilkosság az, ha valaki cselekszik valamit

Isten igazságán kívül, akár szavakkal vagy tettekkel, aminek eredményeként egy másik személy megbotlik a hitben.

Egy hívő megbotlásához ártani kell a lelkének azzal, hogy elmozdul Isten igazságától.

Tegyük fel, hogy egy fiatal hívő az egyik egyházi vezetőhöz megy, hogy a tanácsát kérje, és megkérdi: „Nem baj, ha hiányzok a vasárnapi istentiszteletről, hogy néhány nagyon fontos üzleti ügyben eljárjak?" Ha a vezető azt tanácsolja neki: „Nos, ha ez egy ilyen fontos üzleti ügy, azt hiszem, rendben van, ha hiányzol a vasárnapi istentiszteletről," akkor ez a vezető azt okozza, hogy a fiatal hívő megbotlik.

Vagy mondjuk, hogy valaki, aki a templom kincstáráért felelős, megkérdezi: „Kölcsön tudok venni egy kis egyházi pénzt személyes használatra? Vissza tudom fizetni az egészet pár nap alatt." Ha a templom vezetője ezt válaszolja: „Ha visszafizeted végül, nem igazán számít, vedd kölcsön," akkor a vezető olyan dolgot tanít neki, ami ellentmond Isten akaratának, ezért károsítja a hívő társának a lelkét.

Vagy ha egy kis csoport vezetője azt mondja, „Olyan rohanó világban élünk manapság. Hogyan lenne lehetséges gyakrabban találkozni?" Arra tanítja a többi hívőt, hogy ne vegyék az egyházi találkozókat komolyan, Isten igazsága ellen tanít, és így valamelyik hívő társa megbotlik (Zsidók 10:25). Amint meg van írva: *"Hagyjátok őket; vakoknak vak vezetői ők: ha pedig vak vezeti a vakot, mind a ketten a verembe esnek"* (Máté 15:14).

Tehát más hívőknek valótlan információt tanítani és így azoknak botlást okozni az Isten igazsága ellenére, egyfajta lelki gyilkosság. Hamis információ adása a hívőknek azt okozhatja számukra, hogy megtapasztalják az ok nélküli megpróbáltatásokat. Ezért az egyházi vezetők, akik abban a helyzetben vannak, hogy más hívőket taníthatnak, buzgón imádkozzanak Isten előtt, és nyújtsanak megfelelő információt, vagy egy másik vezetőhöz irányítsák a hívőket a kérdéseikkel, aki egyértelmű, megfelelő választ ad egyenesen Istentől, és elirányítja a hívőket a helyes irányba.

Továbbá, olyan dolgokat mondani, amelyeket nem szabad mondani, vagy gonosz szavakat kiejteni a lelki gyilkosság kategóriájába tartozik. Olyan dolgokat mondani, amelyek elítélnek másokat, vagy bíráskodnak mások felett, a Sátán zsinagógáját megalkotni a pletykálással, vagy széthúzást okozni az emberek között mind példa arra, hogy másokat provokálunk, hogy gyűlölettel vagy gonoszsággal cselekedjenek.

Ami még rosszabb az, amikor az emberek pletykákat terjesztenek Isten szolgáiról, a lelkipásztorokról, vagy egy egyházról. Ezek a pletykák azt okozzák, hogy sok ember megbotlik, és így azok, akik terjesztik ezeket a pletykákat, biztosan szembenéznek Isten ítéletével.

Néhány esetben azt látjuk, hogy az emberek ártanak a saját lelküknek, mivel gonoszság van a szívükben. Példák erre azok a zsidók, akik meg akarták ölni Jézust, annak ellenére, hogy az igazságban cselekedett, vagy Iskarióti Júdás, aki elárulta Jézus azzal, hogy eladta őt a zsidóknak harminc ezüst érméért.

Ha valaki megbotlik, miután látta valaki másnak a gyengeségeit, ez az ember kell hogy tudja, hogy ő is gonosz. Vannak esetek, amikor az emberek, látva egy új keresztényt, aki nem dobta el a korábbi szokásait még, azt mondják: „És ő nevezi magát kereszténynek? Nem megyek a templomba, mert ő is ott lesz." Ez egy olyan eset, amikor saját magukat botlasztják el. Senki sem okozta ezt nekik, inkább saját maguknak ártanak a gonosz és ítélkező szívük miatt.

Bizonyos esetekben, az emberek elesnek az Istentől azt követően, hogy csalódtak valakiben, akiről azt hitték, hogy egy erős keresztény, azt állítva, hogy a hazugságban járt el. Ha csak Istenre koncentrálnak és az Úr Jézus Krisztusra, nem botlanának meg, és nem is hagynák el az üdvösség útját.

Például, vannak esetek, amikor az emberek elmennek egymásnak társaláírónak, mert bizalom és tisztelet van közöttük, de ilyen vagy olyan ok miatt valami elromlik, és a társaláíró nehézségeket tapasztal meg. Ebben az esetben sok ember nagyon csalódott és sértődött lesz. Amikor ilyesmi történik, meg kell érteniük a résztvevőknek, hogy a helyzet csak azt bizonyítja, hogy a hitük nem volt igaz, és bűnbánatot kell tartaniuk az engedetlenségük miatt. Ők azok, akik nem engedelmeskedtek Istennek, amikor Ő konkrétan azt mondta, hogy ne biztosítsuk a tartozásokat (Példabeszédek 22:26).

Ha valóban jó szíved van és igaz hited, ha valaki másnak a gyengeségét látod, akkor imádkoznod kell érte könyörületes szívvel, és várnod kell, hogy megváltozzon.

Ezen kívül néhány ember saját maga hátráltatója lehet, miután megsértődik Isten üzenetétől. Ha például a lelkész prédikál egy adott bűnnel kapcsolatban, annak ellenére, hogy a nem is gondolt a szóban forgó emberre, nem is beszélve arról, hogy nem említette a nevét, azt gondolja: „A lelkész rólam beszél! Hogy teheti ezt a sok ember előtt?" majd elhagyja a templomot.

Vagy amikor a lelkész azt mondja, hogy a tized Istené, és Isten megáldja azokat, akik befizetik a tizedet, sokan panaszkodnak, hogy az egyház túl nagy hangsúlyt fektet a pénzre. És akkor, amikor a lelkész tanúskodik Isten hatalmáról és csodáiról, néhányan azt mondják, hogy „nincs ennek értelme számomra," és panaszkodnak, hogy az üzenet, a tanítás nem illeszkedik a tudásukkal és az iskolázottságukkal. Ezek mind példák arra, amikor az emberek megsértődnek, és megteremtik a saját akadályukat a szívükben.

Jézus ezt mondta a Máté 11:6-ban: „*És boldog, aki én bennem meg nem botránkozik*" és a János 11:10-ben Ő ezt mondta: „*De aki éjjel jár, megbotlik, mert nincsen abban világosság.*" Ha valaki jó szívvel bír, és arra vágyik, hogy megismerje az igazságot, akkor nem botlik vagy esik el Istentől, mert az Ő beszéde, ami a fény, vele lesz. Ha valaki megbotlik egy akadályban, vagy megsértődik valami miatt, csak azt bizonyítja, hogy még mindig maradt benne sötétség. Természetesen, ha az ember könnyedén megsértődik, ez annak a jele, hogy vagy gyenge a hite, vagy nagy a sötétség a szívében. Az a személy, aki megsért egy másik személyt, felelős a tetteiért. Ahhoz, hogy egy személy üzenetet közvetítsen egy másik személynek – annak ellenére, hogy amit mond az abszolút igazság – meg kell próbálnia, hogy bölcsen adja át, oly módon, amely kapcsolódik az üzenetet vevő ember hitének a szintjével.

Ha azt mondod egy újszülött kereszténynek, aki most kapta meg a Szentlelket, hogy: „Ha üdvözülni szeretnél, hagyd abba az ivást és a dohányzást," vagy: „Soha ne nyisd meg a boltot vasárnap", vagy: „Ha elkövetted azt a bűnt, hogy megszűnsz imádkozni, egy falat húzol magad és az Isten között, úgyhogy győződj meg róla, hogy eljössz a templomba, és imádkozol minden nap," ez egyenértékű azzal, mintha egy újszülött babát hússal etetnél, holott őt még ápolni kell. Még ha az újszülött keresztény engedelmeskedik is a nyomás alatt, valószínűleg azt gondolja: „Ó, kereszténynek lenni nagyon nehéz", és úgy érzi, leterheli őt, és előbb-utóbb feladja a hitben járást teljesen.

Máté 18:7 ezt tartalmazza: *„Jaj a világnak a botránkozások miatt! Mert szükség, hogy botránkozások essenek; de jaj annak az embernek, aki által a botránkozás esik!"* Akkor is, ha valamit a másik személy javára mondasz, ha az, amit mondasz, megsérti őt, vagy elesik Istentől emiatt, ez lelki gyilkosság, és elkerülhetetlenül szembe kell nézned néhány erőpróbával, mellyel megfizeted az árát ennek a bűnnek.

Tehát, ha szereted Istent, és ha szeretsz másokat, akkor gyakorolnod kell az önkontrollt minden egyes szavaddal, amit kiejtesz, hogy amit mondasz, kegyelmet és áldást hozzon mindenkinek, aki meghallgat. Akkor is, ha valakit az igazságra tanítasz, meg kell próbálnod érzékenynek maradni, és megnézni, hogy amit mondasz, nem érzi-e vádlásnak, és nem lesz-e nehéz a szíve tőle, vagy reményt ad neki, és erőt, alkalmazni a tanítást az ő életében, hogy mindenki, akit szolgálsz, a dicsőséges úton tudjon járni, és az életét a Jézus Krisztusban élni.

A spirituális gyilkosság, amikor egy másik testvért gyűlölünk

A második típusú lelki gyilkosság az, ha egy másik testvért gyűlölünk Krisztusban.

Az 1 János 3:15-ben írva van: *„Aki gyűlöli az ő atyjafiát, mind embergyilkos az: és tudjátok, hogy egy embergyilkosnak sincs örök élete, ami megmaradhatna ő benne."*
Ez azért van, mert alapvetően a gyilkosság gyökere a gyűlölet. Eleinte valaki utálhat egy másik személyt a szívében. De

amikor a gyűlölet növekszik, ez azt okozhatja, hogy egy gonosz cselekedetet követ el ellene, és a végén, ez a gyűlölet talán még gyilkosságot is okozhat. A Káin esetében is, az egész akkor kezdődött, amikor Káin elkezdte gyűlölni a testvérét, Ábelt.

Ezért a Máté 5:21-22 ezt tartalmazza: *"Hallottátok, hogy megmondatott a régieknek: Ne ölj, mert aki öl, méltó az ítéletre. Én pedig azt mondom néktek, hogy mindaz, aki haragszik az ő atyjafiára ok nélkül, méltó az ítéletre: aki pedig azt mondja az ő atyjafiának: Ráka, méltó a főtörvényszékre: aki pedig ezt mondja: Bolond, méltó a gyehenna tüzére."*
Ha valaki utál más személyeket a szívében, a haragja miatt harcolhat velük. És ha valami jó történik azzal az emberrel, akit utál, akkor féltékennyé és ítélkezővé válhat, elítélve a másik személyt, és elterjesztve a hírt az ő gyengeségeiről. Lehet, hogy becsapja őt, és kárt okoz neki, vagy ellensége lesz. Gyűlölni a másik embert, és gyűlöletből cselekedni vele szemben a szellemi gyilkosság rossz példája.

Az ószövetségi időkben, mivel Isten még nem küldte el a Szentlelket, nem volt könnyű az embereknek, hogy körülmetéljék a szívüket, és szentek legyenek. De most, az újszövetségi időkben, mivel be tudjuk fogadni a Szentlelket a szívünkbe, a Szentlélek hatalmat ad nekünk, hogy megszabaduljunk még a legmélyebb bűnös természetünktől is.

Mivel egyike a Szentháromság Istennek, a Szentlélek olyan,

mint egy részlet-orientált anya, aki megtanít bennünket Isten, az Atya szívének részleteire. A Szentlélek tanít minket a bűnről, igazságról és az ítéletről, és ezzel segít az igazságban élni. Ezért eldobhatjuk még a puszta képét is a bűnnek.

Ezért az Isten nem csak azt mondja az Ő gyermekeinek, hogy soha ne kövessenek el fizikai gyilkosságot, de azt is mondja, hogy szüntessük meg még a gyűlölet gyökerét is a szívünkben. Csak ha meg tudunk szabadulni a gonosztól a szívünkben, és meg tudjuk tölteni szeretettel, akkor lakozunk valóban az Isten szeretetében, és élvezzük a bizonyítékát az Ő szeretetének (1 János 4:11-12).

Amikor szeretünk valakit, nem látjuk a hibáit. És ha ennek a személynek történetesen van egy gyengéje, együtt érzünk vele, és reményteli szívvel ösztönözzük őt, és erőt adunk neki, hogy megváltozzon. Amikor még bűnösök voltunk, Isten nekünk adta ezt a fajta szeretetet, hogy tudjuk fogadni az üdvösséget, és menjünk a mennybe.

Tehát nem csak engedelmeskednünk kell a parancsolatnak: „Ne ölj," de minden embert szeretnünk kell, még az ellenségeinket is, a Krisztus szeretetével, és fogadnunk kell Isten áldását minden alkalommal. És végül bemegyünk a legszebb helyre a mennyben, és Isten szeretetében élünk az örökkévalóságig.

Nyolcadik fejezet
A hetedik parancsolat

„Ne paráználkodj"

Exodus 20:14

„Ne paráználkodj."

A Vezúv hegység, amely Dél-Olaszországban található, egy aktív vulkán volt, amely csak néha adott ki gőzt, de az emberek azt gondolták, hogy gyönyörű tájat varázsolt Pompejiből.

Augusztus 24-én, i.sz. 79-ben, dél körül, a föld remegése egyre erősebb és erősebb volt, majd gombafelhő tört ki a Vezúvból, és eltakarta az eget Pompej fölött. Egy nagy robbanással a hegy teteje megrepedt, és olvadt kőzet és hamu kezdett esni a földre.

Perceken belül számtalan ember meghalt, míg a túlélők rohantak az óceánba, az életükért harcolva. De akkor a legrosszabb, ami történhetett, megtörtént. A szél hirtelen sebességbe váltott, és az óceánnal szemben kezdett fújni.

Még egyszer, a hő és a mérgező gázok elnyelték Pompej polgárait, akik éppen hogy túlélték a vulkánkitörést azzal, hogy bemenekültek az óceánba, és megfojtották őket.

Pompeii egy boldog város volt, tele vágyakkal és bálványokkal. Az utolsó napjai Szodoma és Gomora városokra emlékeztetnek bennünket a Bibliából, amelyek megtapasztalták Isten tűzítéletét. Ezeknek a városoknak a sorsa egyértelműen arra figyelmeztet bennünket, hogy Isten mennyire utálja a buja szívet és a bálványimádást. Ez egyértelműen látszik a Tízparancsolatból.

„Ne paráználkodj"

A házasságtörés szexuális interakció egy férfi és egy nő között, akik nem egymás házastársai. Réges-régen a házasságtörést rendkívül erkölcstelen cselekedetnek tartották. De mi a helyzet ma? Mivel a számítógépek és az internet nagyot fejlődött, a felnőttek, és még a gyermekek is hozzáférnek a buja anyagokhoz, nagyon egyszerűen.

Az etika a szexszel kapcsolatban a mai társadalomban annyira leromlott, hogy érzéki vagy obszcén képek jelennek meg a televízióban, filmekben, és még a gyermekeknek készült rajzfilmekben is. És a test bátor feltárása gyorsan terjed a divattrendek terén. Ennek eredményeként, a félreértett szexualitás gyorsan elterjed.

Ahhoz, hogy az igazságot megértsük ebben az ügyben, tanulmányoznunk kell a hetedik parancsolat jelentését: „Ne paráználkodj," három részben.

A paráználkodás a cselekedetek szintjén

Az emberek erkölcsi értéke ma rosszabb, mint valaha. Olyannyira, hogy a filmekben és televíziós drámákban a házasságtörést nagyon gyakran úgy ábrázolják, mint egy szép fajta szeretetet. Manapság az egyedülálló férfiak és nők könnyen odaadják a testüket egymásnak, és még a házasság előtti szexet is elkövetik, ezt gondolva: „Rendben van, mert úgyis meg fogunk házasodni a jövőben." Még a házas férfiak és nők is nyíltan vallják, hogy kapcsolatot ápolnak más emberekkel, akik nem a házastársaik. És tovább ront a helyzeten az életkor, amikor az emberek először megtapasztalják a szexuális kapcsolatot: ez egyre fiatalabb és fiatalabb korban történik meg.

Ha megnézzük a törvényeket, amelyek akkor léteztek, amikor a tízparancsolatot Mózes megkapta, az olyan embereket, akik a házasságtörés cselekményét elkövették, szigorúan büntették. Bár Isten a szeretet, a házasságtörés elfogadhatatlanul komoly bűn, ezért ő egyértelműen megtiltja azt.

A Léviták könyve 20:10 ezt tartalmazza: *„Ha valaki más ember feleségével paráználkodik, mivelhogy az ő felebarátjának feleségével paráználkodik: halállal lakoljon a parázna férfi és a parázna nő."* És az újszövetségi időkben, a házasságtörés cselekménye bűnnek tekinthető, amely elpusztítja a testet és a lelket, és a házasságtörőtől megtagadja a megváltást.

„Avagy nem tudjátok-é, hogy igazságtalanok nem örökölhetik Istennek országát? Ne tévelyegjetek; se paráznák, se bálványimádók, se házasságtörők, se puhyák, se férfiszeplősítők, Se lopók, se telhetetlenek, se részegesek, se szidalmazók, se ragadozók nem örökölhetik Isten országát" (1 Korinthusiak 6:9-10).

Ha egy új hívő követi el ezt a bűnt, mert nem ismeri az igazságot, akkor Istentől kegyelmet és lehetőséget kaphat, hogy megbánja a bűnét. De ha valaki, aki állítólag egy lelkileg érett hívő, aki tudatában van Isten igazságának, továbbra is elköveti ezt a fajta bűnt, nehéz lesz neki, hogy megkapja a bűnbánat esélyét.

A 3 Mózes 20:13-16 beszél a bűnről, amikor egy állattal teremt valaki szexuális kapcsolatot, és a bűnről, amikor homoszexuális kapcsolatokat ápol valaki. Ebben a korban vannak olyan országok, amelyek jogilag elfogadják a homoszexuális kapcsolatokat, azonban ez még mindig utálatos Isten előtt. Vannak, akik így reagálnak: „Változnak az idők", de nem számít, mennyire változnak az idők, és nem számít, mennyire változik meg a világ, Isten szava, amely az igazság, soha nem változik. Ezért ha valaki Isten gyermeke, akkor ne váljon tisztátalanná azzal, hogy követi a trendeket ezen a világon.

Paráznaság az elmében

Amikor Isten a házasságtörésről beszél, Ő nem csak a házasságtörés külső cselekményének az elkövetéséről beszél. A házasságtörés kifele történő cselekményének az elkövetése egyértelmű esete a házasságtörésnek, de az, ha valaki örömét leli ennek az elképzelésében, vagy erkölcstelen cselekményeket néz, ez is a házasságtörés kategóriájába tartozik.

Buja gondolatokat okozhat a kéjes szív, és ez a helyzet, ha paráználkodnak a szívben. Bár lehet, hogy valaki nem tett semmit a fizikai tevékenységek szintjén, de ha például egy ember lát egy nőt, és házasságtörést követ el a szívében, Isten, aki az emberek szívének a közepét nézi, úgy véli, hogy ez ugyanaz, mint a fizikai házasságtörést elkövetni.

A Máté 5:27-28ban ezt olvassuk: *"Hallottátok, hogy megmondatott a régieknek: Ne paráználkodjál! Én pedig azt mondom néktek, hogy valaki asszonyra tekint gonosz kivánságnak okáért, immár paráználkodott azzal az ő szívében."* Miután egy bűnös gondolat bejut az ember fejébe, beköltözik a szívébe, és aztán megmutatkozik a tettekben. Csak miután a gyűlölet belépett az ember szívébe, kezd el azon gondolkodni, hogy kárt okozzon valakinek. És csak miután a harag felépül az ember szívében, lesz valaki dühös, és átkozódik.

Hasonlóképpen, ha egy személynek kéjes vágyak vannak a szívében, könnyen fizikai házasságtörés lesz belőle. Még ha ez nem is nyilvánvaló, ha valaki házasságtörést követ el a szívében, akkor már házasságtörést követett el, mert a gyökere annak a bűnnek ugyanaz.

Egy nap, a szemináriumi iskola első évében, nagyon megdöbbentem, amikor meghallgattam, amint egy csoport lelkész beszélgetett. Addig a pillanatig mindig szerettem és tiszteltem a lelkipásztorokat, és úgy kezeltem őket, ahogy az Urat kezelném. De egy nagyon heves vita végén, arra a következtetésre jutottak, hogy „mindaddig, amíg nem volt szándékos, a paráználkodás a szívben nem bűn."

Amikor Isten nekünk adta a parancsolatot: „Ne törj házasságot," nem azért adta nekünk, mert tudta, hogy tiszteletben fogjuk tartani? Mivel Jézus azt mondta: „Azt mondom nektek, hogy mindenki, aki úgy néz egy nőre, hogy vágyik rá, már paráználkodott a szívében," egyszerűen ki kell űzni ezeket a buja vágyakat a szívünkből. Semmit sem kell többet mondani. Igen, lehet, hogy nehéz ezt a saját emberi erőnkkel megtenni, de az imádság és a böjt által erőt kaphatunk Istentől, hogy könnyen kiöntsük a vágyat a szívünkből.

Jézus töviskoronát viselt, és a vérét ontotta, hogy elmossa a bűnöket, melyeket elkövetünk a gondolatainkkal és az elménkkel. Isten elküldte nekünk a Szentlelket, így mi is megszabaduljunk a bűnös természetünktől a szívünkben. Akkor konkrétan mit tehetünk, hogy elöntsük a vágyat a szívünkből?

A vágy kiűzésének fázisai a szívünkből

Tegyük fel például, hogy egy gyönyörű nő vagy egy jóképű férfi elhalad melletted, és azt gondolod, „Hú, nagyon csinos," vagy a „Jóképű", „szeretnék járni vele", vagy: „Szeretnék randizni vele." Nem sok ember találja ezeket a gondolatokat bujának vagy házasságtörőnek. Azonban, ha valaki ezeket a szavakat úgy ejti ki, hogy tényleg ezt jelenti, akkor ez annak a jele, hogy a vágy jelen van benne. Annak érdekében, hogy a vágy ezen jeleit kiküszöböljük, át kell menni a folyamaton, amikor szorgalmasan megharcolunk ezekkel a bűnökkel.

Általában, minél többet próbálsz nem gondolni valamire, annál inkább előugrik a fejedben. Miután láttál egy jelenetet, amelyben egy férfi és egy nő egy erkölcstelen cselekményt követ el egy filmben, a kép nem hagyja el a fejedet. Ehelyett a kép folyamatosan előjön a fejedben, újra és újra. Attól függően, hogy milyen erősen nyomtatódott be a kép a szívedbe, annál tovább marad a memóriádban.

Akkor mit tehetünk, hogy ezeket a buja gondolatokat a fejünkből kiűzzük? Először is, erőfeszítést kell tenni annak érdekében, hogy elkerüljük a játékokat, magazinokat vagy hasonlókat, mert ezek magukban hordoznak olyan képeket, amelyek csábítanak minket, hogy buja gondolataink legyenek. Amikor egy kéjes gondolat jut az eszünkbe, vissza kell tartani a gondolataink irányát. Tegyük fel, hogy egy kéjes gondolat jut eszedbe. Ahelyett, hogy hagynád, hogy elhatalmasodjon fölötted, meg kell próbálnod, hogy abbahagyd ezt a gondolatot azonnal.

Aztán ahogy megváltoztatod az ilyen jellegű gondolatokat jobb gondolatokká, melyek igazak, és Istennek tetszenek, és folyamatosan imádkozol, kérve az Ő segítségét, biztosan megadja az erőt, hogy a harcot megvívd az ilyen jellegű kísértésekkel. Mindaddig, amíg hajlandó vagy imádkozni, szenvedélyesen, az Isten kegyelme és hatalma rád száll. És a Szentlélek segítségével képes leszel arra, hogy kiküszöböld ezeket a bűnös gondolatokat.

De a lényeg, hogy ne hagyd abba ezt egy-két próbálkozás után. Továbbra is hittel kell imádkoznod, a végsőkig. Lehet, hogy egy hónap, egy év, vagy akár két-három év is lesz ez. De akármilyen hosszú lehet, mindig bíznod kell Istenben, és imádkoznod folyamatosan. Majd Isten megadja az erőt, hogy egy nap kidobd a vágyat a szívedből, egyszer és mindenkorra.

Ha átmész a fázison, ahol „leállsz a rossz gondolatokkal," bemehetsz abba a fázisba, ahol „ellenőrizheted a szíved." Ebben a fázisban, még ha látsz is egy buja képet, ha úgy döntesz a szívedben hogy: „Jobb, ha nem gondolok erre," akkor a gondolat nem lép be az elmédbe újra. A szívben elkövetett házasságtörés a gondolatok és érzések által jön be, és ha tudod irányítani a gondolataidat, a bűnök, amelyek ezekből a gondolatokból származnak, nem kapnak esélyt, hogy bemenjenek a szívedbe.

A következő fázis az, amikor a „helytelen gondolatok nem fordulnak elő" többé. Ha látsz is egy buja képet, az elmédet nem befolyásolja, és így a vágy nem tud belépni a szívedbe. A következő fázis az, ahol „még szándékosan sincs helytelen gondolatod."

Ha már ebben a fázisban vagy, ha meg is próbálod, hogy buja gondolataid legyenek, ez nem történik meg. Mivel a bűnt gyökerestől kihúztad, ha látsz is egy vágy kiváltó képet, nincs semmilyen gondolatod, érzésed ezzel kapcsolatban. Ez azt jelenti, hogy hamis vagy istentelen képek már nem mehetnek be a fejedbe.

Persze, miközben átmész a fázisokon, amikor ezt a bűnt kiűzöd, előfordulhat olyan eset, amikor azt gondolod, hogy minden bűntől megszabadultál, de a bűn valahogy visszakúszik a fejedbe.

De ha hiszel Isten szavaiban, és ha benned van a vágy, hogy engedelmeskedj a parancsoknak, és kiűzd a bűneidet, akkor nem fogsz stagnálni a hitben. Ez olyan, mint egy hagyma meghámozása. Ha lehúzol egy vagy két réteget, úgy tűnhet, hogy a rétegek nem érnek véget, de csak több réteggel később jössz rá, hogy lehámoztad az összes réteget.

A hívők, akik saját magukon gondolkodnak, nem csalódnak, és nem gondolnak arra, hogy: „olyan nagyon megpróbáltam, de még mindig nem tudtam kidobni a bűnös természetemet." Épp ellenkezőleg, hinniük kell, hogy olyan mértékben, amennyire hisznek, meg fogják változtatni a saját természetüket. És ezt szem előtt tartva, még jobban kell törekedniük. Ha rájössz, hogy még mindig benned van a bűnös természet, akkor inkább légy hálás, hogy van még egy lehetőséged, hogy megszabadulj tőle.

Miközben átmész a fázisokon, amikor kiűzöd a vágyat az életedből, ha kéjes gondolat jut az eszedbe egy pillanatra, ne aggódj. Isten nem fogja úgy tekinteni, hogy paráználkodtál. Ha ebben a gondolatban élsz, és hagyod, hogy továbbfejlődjön, akkor nagy bűn lesz később, de ha nem tartasz bűnbánatot azonnal, és továbbra is erőfeszítéseket teszel, hogy megszentelt legyél, Isten rádnéz kegyelemmel, és megadja a hatalmat, hogy legyőzd a bűnt.

A spirituális paráznaság elkövetése

A testi paráználkodást úgy lehet értelmezni, mint a paráználkodást a húsban, de ami sokkal súlyosabb, az a szellemi házasságtörés elkövetése. A „spirituális házasságtörés" az, ha valaki azt állítja, hogy hívő, és mégis jobban szereti a világot, mint Istent. Ha belegondolsz, az alapvető oka annak, hogy valaki elköveti a fizikai házasságtörést az, hogy nagyobb a szeretet benne a testi örömök iránt, mint a szeretet az Isten szíve iránt.

A Kolosszé 3:5-6 azt tartalmazza: *„Öldököljétek meg azért a ti földi tagjaitokat, paráznaságot, tisztátalanságot, bujaságot, gonosz kívánságot és a fösvénységet, ami bálványimádás, Melyek miatt jő az Isten haragja az engedetlenség fiaira."* Ez azt jelenti, hogy ha meg is kapjuk a Szentlelket, megtapasztaljuk Isten csodáit, és van hitünk, de nem öntjük ki a kapzsiságot és a túlzott vágyakat a szívünkből, akkor hajlamosak leszünk a világi dolgokat jobban szeretni, mint Istent.

Megtanultuk a második parancsolatból, hogy a lelki értelmezése a bálványimádásnak az, hogy valamit jobban szeretünk, mint Istent. Akkor mi a különbség a „szellemi bálványimádás" és a „spirituális házasságtörés" között?

A bálványimádás az, amikor az emberek, akik nem ismerik Istent, létrehoznak valamilyen képet, és azt imádják. A spirituális értelmezése a „bálványimádásnak" az, amikor a gyenge hittel rendelkező hívők jobban szeretik a világi dolgokat, mint Istent.

Mivel néhány új hívőnek még gyenge a hite, lehetséges, hogy jobban szeretik a világot, mint Istent. Lehet, hogy olyan kérdéseket tesznek fel, mint: „Vajon Isten valóban létezik?" Vagy „A menny és a pokol tényleg létezik?" Mivel még mindig kétségeik vannak, nehéz számukra, hogy az ige szerint éljenek. Lehet, hogy még mindig jobban szeretik a pénzt, a hírnevet, vagy a családot, mint Istent, és ezzel szellemi bálványimádást követnek el.

Azonban, ahogy az igét hallgatják egyre többet, és imádkoznak, és megtapasztalják azt, hogy Isten megválaszolja az imáikat, kezdenek rájönni, hogy a Biblia igaz. Ekkor elhiszik azt is, hogy a menny és a pokol tényleg létezik. Ezt követően rájönnek, hogy mi az oka annak, hogy valóban szükségük van, hogy Istent szeressék elsősorban. Ha a hitük eszerint növekszik, de továbbra is szeretik és hajszolják a világi dolgokat, akkor „szellemi házasságtörést" követnek el.

Mondjuk például, hogy volt egy ember, akinek volt egy egyszerű gondolata: „Jó lenne feleségül venni azt a nőt," de az a nő történetesen férjhez ment egy másik emberhez. Ebben az esetben, nem mondhatjuk, hogy a nő házasságtörést követett el. Mivel a férfi, akinek a sóvárgó gondolata volt, egyszerűen beleesett a nőbe, és az asszonynak nem volt kapcsolata ezzel az emberrel, nem mondhatjuk azt, hogy házasságtörést követett el. Hogy pontosak legyünk, a nő csak egy bálvány volt az ember szívében.

Épp ellenkezőleg, ha a férfi és a nő járt volna egymással, megerősítették volna egymásnak, hogy szeretik egymást, és az asszony egy másik emberrel erkölcstelen kapcsolatba kerekedett volna, ez paráználkodásnak tekinthető. Tehát látható, hogy a lelki bálványimádás és a szellemi házasságtörés látszólag egyforma, de mégis két nagyon különböző dolog.

A zsidók és Isten közötti kapcsolat

A Biblia az izraeliták és az Isten közötti kapcsolatot összehasonlítja egy apa és a gyermekei közötti kapcsolattal. Ez a kapcsolat olyan is, mint a férj és a feleség közötti kapcsolat. Ez azért van, mert a kapcsolatuk olyan, mint egy páré, aki szövetséget kötött a szeretetre. Azonban, ha megnézzük Izrael történelmét, sokszor azt látjuk, hogy Izrael népe elfelejtette ezt a szövetséget, és idegen isteneket imádott.

A pogányok azért imádtak bálványokat, mert nem ismerték Istent, de az izraeliták – annak ellenére, hogy Istent jól ismerték a kezdetektől fogva – idegen bálványokat imádtak az önző vágyaik miatt.

Ezért olvassuk az 1 Krónikák 5:25-ben: *"Vétkezének pedig az ő atyjoknak Istene ellen; mert a föld lakóinak bálványisteneivel paráználkodának, akiket az Isten szemök elől elpusztított,"* ami azt jelenti, hogy a zsidók bálványimádata valójában spirituális paráznaság volt.

A Jeremiás 3:8 ezt tartalmazza: *"És láttam, hogy mindamellett is, hogy elbocsátottam az elpártolt parázna Izráelt, és adtam néki elválásról való levelet: nem félt a hitszegő Júda, az ő húga, hanem elment, és ő is paráználkodott."* Salamon bűnének eredményeként, a fia, Roboám uralkodása alatt, Izrael kettészakadt Észak-Izraelre és Dél-Júdára. Röviddel azután, hogy ez a megosztottság létrejött, Észak-Izraelben elkövették a szellemi házasságtörést, mert bálványokat imádtak, és ennek eredményeként Isten kitagadta, és elpusztította őket. Aztán Dél-Júda, még az után is, hogy látta, hogy ez történik Észak-Izraelben, folytatta a bálványimádást.

Minden gyermeke Istennek, aki most az Újszövetségi időkben él, a Jézus Krisztus menyasszonya. Ez az ok, amiért Pál apostol azt vallotta, hogy ha az Úrral találkozunk, keményen dolgoznunk kell, hogy felkészüljünk, mint hívők, hogy tiszta menyasszonyai legyünk a Krisztusnak, aki a mi férjünk (2 Korinthusiak 11:2).

Tehát ha egy hívő úgy hívja az Urat, hogy „vőlegényem," miközben továbbra is szereti a világot, és távol él az igazságtól, akkor szellemi házasságtörést követ el (Jakab 4:4). Ha a férj vagy a feleség elárulja a házastársát, és fizikai házasságtörést követ el, ez egy szörnyű bűn, melyet nehéz megbocsátani. Ha valaki elárulja Istent és az Urat, és szellemi házasságtörést követ el, mennyivel szörnyűbb az ő bűne?

A Jeremiás 11. fejezetében azt látjuk, hogy Isten azt mondja Jeremiásnak, hogy ne imádkozzon Izraelért, hiszen Izrael népe nem volt hajlandó abbahagyni a szellemi házasságtörés bűnét. Még azt is hozzáteszi, hogy ha Izrael népe Hozzá kiált, Ő nem hallgatja meg a kérésüket.

Tehát, ha a lelki házasságtörés elér egy bizonyos pontot, az elkövető személy nem fogja hallani a Szentlélek hangját, és nem számít, milyen keményen imádkozik, az imádságra nem lesz válasz. Ahogy az ember egyre távolabb kerül Istentől, világivá válik, és így végül súlyos bűnöket követ el, melyek halálhoz vezetnek, mint a fizikai házasságtörés. Mint látjuk Zsidók 6. fejezetében, vagy a 10. fejezetben, ez olyan, mintha Jézus Krisztust újra és újra keresztre feszítenék, és így a halál útján sétálnának.

Ezért hadd szabaduljunk meg a szellemben vagy testben paráználkodás bűnétől, és szent magatartással, feleljünk meg a képesítéseknek, amelyekkel az Úr menyasszonya leszünk, makulátlanok és feddhetetlenek, áldott életet élve, mely örömet hoz az Atya szívébe.

Kilencedik fejezet

A nyolcadik parancsolat

„Ne lopj!"

Exodus 20:15

„Ne lopj."

Az engedelmesség a tízparancsolatnak közvetlenül befolyásolja a megváltásunkat, és azt, hogy képesek legyünk legyőzni, meghódítani az ellenséges ördögöt és a Sátánt, és uralkodni fölöttük. Az izraeliták, engedelmeskedve vagy nem engedelmeskedve a Tízparancsolatnak, maguk határozták meg, hogy Isten egyik választott népe voltak, vagy sem.

Hasonlóképpen a mi esetünkben is, akik Isten gyermekeivé váltunk, az, hogy engedelmeskedünk vagy nem Isten szavainak, meghatározza, hogy üdvözülünk vagy nem. Ez azért van, mert az Isten iránti engedelmességünk létrehoz egy szabványt a hitünkben. Így az engedelmesség a tízparancsolatnak az üdvösségünkhöz kötődik, és ezek a parancsolatok Isten gondviseléséből szeretetet és áldást jelentenek számunkra.

„Ne lopj."

Van egy régi koreai mondás: „A tűtolvajból lesz a tehéntolvaj." Ez azt jelenti, hogy ha valaki elkövet egy kisebb bűncselekményt, és büntetlen marad, és megismétli a negatív cselekedetet, hamarosan sokkal komolyabb bűncselekményeket követ el, melyek negatív következményekkel járnak. Ezért Isten erre figyelmeztet minket: „Ne lopj."

A következő egy Fu Pu-ch'I nevű ember beszámolója, akinek „Tsze-Csien" vagy „Tzu-chien" a műve, és Konfuciusz egyik tanítványa volt, és Lu állam Tan-fu-jának parancsnoka volt, Kína Chunqiu (tavaszi és őszi) Időszakában és a Hadakozó Államok időszakban. Az volt a hír, hogy a szomszédos Qi állam katonái támadni készültek, és Fu Pu-ch'i elrendelte, hogy a királyság falait szorosan zárják le.

Történetesen betakarítási idő volt, és a növények a mezőgazdasági termelő területen megértek a betakarításra. Az emberek azt kérdezték: „a falak lezárása előtt betakaríthatjuk a termést a földeken, mielőtt az ellenség megérkezik?" Figyelmen kívül hagyva a nép kérését, Fu Pu-ch'i bezáratta a falakat. Aztán az emberek elkezdtek neheztelni Fu Pu-ch'i-ra, azt állítva, hogy támogatja az ellenséget, és így behívták a királyhoz egy vizsgálatra. Amikor a király kikérdezte a tetteiről, Fu Pu-ch'i így válaszolt: „Igen, nagy veszteség számunkra, ha az ellenségeink elszedik a termést, de ha az emberek sietve gyűjtik be a termért, azt is leszedve, ami nem az övék, nehéz lesz megtörni a szokásukat még tíz év múlva is." Ezzel a kijelentésével Fu Pu-ch'i nagy tiszteletet és csodálatot szerzett a királytól.

Fu Pu-ch'i hagyhatta volna a népet, hogy a termést begyűjtsék, ahogy kérték, de ha megtanulják, hogy valahogy igazolják, hogy ellopták valaki másnak a termését, akkor a következmények károsabbak lehettek volna az embereknek és a királyságnak hosszú távon. Tehát a „lopás" azt jelenti, hogy valamit rosszul kezelnek, vagy rossz motivációval, vagy elvesznek valamit, ami nem az övék, vagy lopva rendelkeznek valaki másnak a tulajdonával.

De az a „lopás," amiről Isten beszél, mélyebb és szélesebb szellemi értelmezéssel is bír. Tehát mi van beépítve a „lopás" jelentésébe a nyolcadik parancsolatban?

Elvenni valaki másnak a tulajdonát: a lopás fizikai meghatározása

A Biblia kifejezetten tiltja a lopást, és egyedi szabályokat vázol fel arról, hogy mit kell tenni, ha valaki lop (Mózes 22).

Ha egy lopott állatot megtalálnak élve a tolvaj birtokában, a tolvajnak vissza kell fizetnie a tulajdonosnak a dupláját az értéknek, amit ellopott. Ha valaki ellopja az állatot, és levágja vagy eladja azt, a tulajdonosnak vissza kell fizetnie ötször annyit, ha ökröket lopott, és négyszer annyit, ha juhot lopott. Nem számít, milyen kicsi az érték, valaki másnak a tulajdonát elvenni a lopás kategóriába tartozik, amit a társadalom is bűnözésnek címkéz, és amelynek meghatározott büntetése van.

Eltekintve a lopás nyilvánvaló eseteitől, vannak olyan esetek, amikor az emberek az által lopnak, hogy hanyagok. Például, a mindennapi életben lehet, hogy az a szokásunk, hogy más emberek dolgait használjuk úgy, hogy nem kérjük el azokat, és nem sokat gondolkodunk efölött. Lehet, hogy nem is érezzük magunkat bűnösnek azért, mert engedély nélkül használjuk, mert közel érezzük magunkhoz a személyt, vagy a tárgy, amit használunk, nem nagyon értékes.

Ugyanez a helyzet, ha a házastársunk dolgait használjuk engedély nélkül. Még egy elkerülhetetlen helyzetben is, ha engedély nélkül használjuk valaki dolgait, amint végeztünk a használattal, vissza kell adnunk azonnal. Vannak azonban olyan esetek is, amikor vissza sem adjuk őket egyáltalán.

Ez nem csak veszteséget okoz valakinek, hanem a tiszteletlenség cselekedete az illető személy iránt. Annak ellenére, hogy nem tekinthető súlyos bűncselekménynek a társadalom törvényei szerint, Isten szemében lopásnak tekinthető. Ha valakinek igazán tiszta a lelkiismerete, és elvesz valamit mástól engedély nélkül, függetlenül attól, hogy milyen kicsi vagy értéktelen a tárgy, bűntudatot fog érezni emiatt.

Még ha nem is lopunk, vagy veszünk el valamit erőszakkal, ha szert teszünk valaki másnak a holmijára valahogyan, ami nem megfelelő, ez még mindig lopás. A helyzetünk vagy teljesítményünk felhasználása arra, hogy megvesztegetést fogadjunk el, szintén ebbe a kategóriába tartozik. Az Exodus 23:8 erre figyelmeztet: *„Ajándékot el ne végy: mert az ajándék megvakítja a szemeseket, és elfordítja az igazak ügyét."*

A jószívű eladók bűntudatot fognak érezni, ha túlárazzák a termékeiket, hogy több hasznot csikarjanak ki a maguk számára. Annak ellenére, hogy nem loptak el semmit, ami másnak a birtokában volt, ez még mindig lopás, mert több, mint a méltányos részesedésük.

Spirituális lopás: ellopni valamit, ami Istené

Eltekintve attól a „lopástól," ahol egy másik személytől engedély nélkül veszel el valamit, van a „szellemi lopás," ahol Istentől elveszel valamit engedély nélkül. Ez is befolyásolhatja az ember megváltását.

Iskarióti Júdás, Jézus egyik tanítványa volt a felelős, aki irányította az adakozást, amit az emberek felajánlottak, miután meggyógyultak, vagy miután Jézus megáldotta őket. De az idő múlásával, a kapzsiság belépett a szívébe, és elkezdett lopni (János 12:6).

A János 12. fejezetében, amikor Jézus meglátogatja Simon házát Bethanyban, találkozunk egy jelenettel, amikor egy nő odajön Jézushoz, és parfümöt szór rá. Látva ezt, Júdás megszidja őt, megkérdezve, hogy miért nem adta el a parfümöt, és a pénzt miért nem adta a szegényeknek. Ha a drága parfümöt eladták volna, akkor ő, mint a pénzeszsák igazgatója, segíthette volna saját magát a pénzzel, de mivel Jézus lábára öntötték, úgy érezte, hogy a nyeresége veszendőbe ment.

Végül Júdás a pénz szolgája lett, és eladta Jézust harminc ezüstért. Bár volt lehetősége, hogy megkapja a dicsőséget, hogy Jézus egyik tanítványaként tartsák számon, ehelyett lopott

Istentől, és eladta a tanárát, felhalmozva a bűneit. Sajnos, még a bűnbánat szellemét sem tudta fogadni, mielőtt önkezével véget vetett az életének, és nyomorult véget élt meg (Apostolok 1:18).

Ezért van szükség arra, hogy közelebbi pillantást vessünk arra, mi történik, ha valaki lop Istentől.

Az első eset, ha valaki ráteszi a kezét a templom kincstárára.

Még ha a tolvaj történetesen egy hitetlen is, ha lop a templomból, valamiféle félelmet érez a szívében. De ha egy hívő teszi a kezét Isten pénzére, hogyan lehet azt mondani, hogy van hite, hogy üdvösséget nyerjen?

Még ha az emberek soha nem tudják is meg, Isten mindent lát, és ha eljön az ideje, ítélkezni fog az igazságban, és a tolvaj ki kell hogy fizesse a bűne büntetését. Ha a tolvaj nem tudja megbánni a bűneit, és meghal úgy, hogy nem kap üdvösséget, milyen szörnyű lenne ez! Addigra, nem számít, hogy mennyire veri a mellét, és sajnálja a tetteit, már késő lesz. Nem kellett volna megérintenie Isten pénzét már a kezdetektől fogva.

A második eset az, ha valaki visszaél az egyház tulajdonával, vagy visszaél az egyház pénzével.

Akkor is, ha esetleg valaki nem lopott a felkínált pénzből

közvetlenül, ha használja a pénzt, amit a misszió-csoportok tagjai, vagy egyéb adományozók adtak, személyes használatra, ez ugyanaz, mint a lopás Istentől. Az is lopás, ha valaki irodaszereket, vagy papírtermékeket vásárol a templom pénzéből, és ezt a személyes igényeire használja.

Az ilyen kellékek pazarlása, az egyházi alapokból történő elvétele ellátmány megvásárlására, vagy a maradék más célra való használata ahelyett, hogy a templomba visszavinnénk, vagy a templomban lévő telefon, villany, berendezések, bútorok, illetve egyéb kellékek személyes használata mérlegelés nélkül, mind az egyház pénzének a helytelen kezelését jelenti.

Azt is biztosítani kell, hogy a gyerekek ne hajtsák össze vagy szakítsák el az adakozási borítékokat, egyházi hírleveleket és újságokat szórakozásból vagy játékból. Néhányan azt hihetik, hogy ezek kisebb vagy jelentéktelen vétségek, de spirituális szinten, ez alapvetően lopás Istentől, és ezek a cselekedetek bűnfalak lesznek köztünk és Isten között.

A harmadik eset a tized és a felajánlások ellopása.

A Malakiás 3:8-9 ezt tartalmazza: *„Avagy az ember csalhatja-é az Istent? ti mégis csaltatok engem. És azt mondjátok: Mivel csalunk téged? A tizeddel és az áldozni valóval. Átokkal vagytok elátkozva, mégis csaltok engem: a nép egészben!"*

A tized azt jelenti, hogy Istennek adjuk a tizedét a jövedelmünknek, annak igazolására, hogy megértjük, hogy Ő az úr az összes anyagi dolog fölött, és hogy Ő felügyeli az életünket. Ezért, ha azt mondjuk, hogy hiszünk Istenben, és mégsem fizetjük be a tizedet, ez lopás Istentől, és átok csúszik az életünkbe. Ez nem azt jelenti azt, hogy Isten megátkoz bennünket. Azt jelenti, hogy amikor a Sátán megvádol minket ezzel a vétséggel, Isten nem véd meg minket, mert valójában, megtörtük Isten szellemi törvényét. Ezért előfordulhat, hogy pénzügyi problémáink, kísértéseink lesznek, vagy váratlan katasztrófák vagy betegségek érnek utol minket.

De ahogy a Malakiás 3:10-ben látjuk: *„Hozzátok be a tizedet mind az én tárházamba, hogy legyen ennivaló az én házamban, és ezzel próbáljatok meg engem, azt mondja a Seregeknek Ura, ha nem nyitom meg néktek az egek csatornáit, és ha nem árasztok reátok áldást bőségesen."* Ha kellő tizedet fizetünk be, tudjuk fogadni Isten megígért áldásait és védelmét.

Aztán vannak olyan emberek, akik nem részesülnek Isten védelméből, mert nem fizetik be a teljes tizedet. Anélkül, hogy figyelembe vennék az egyéb bevételi forrásokat, az emberek a nettó fizetésük alapján számítják ki a tizedet, ahelyett, hogy a bruttó bért vennék alapul, mielőtt levonták az összes levonást és adót.

De a megfelelő tized az Isten számára az összjövedelem tizede. A jövedelem egy másod-üzletből, pénzbeli ajándékok, vacsorameghívások, vagy más ajándékok, mind személyes nyereségnek számítanak, ezért be kell számítani az egy-tizedüket az értéküknek – az ilyen típusú jövedelmek esetén – és a megfelelő tizedet be kell fizetni ezek után is.

Bizonyos esetekben, az emberek kiszámolják a tizedet, de felkínálják Istennek, mint egy más típusú adakozást, mint például a misszionárius adakozás, vagy a jótékonysági adakozás. De ez is lopásnak minősül Istentől, mert nem ez a megfelelő tized. Hogy az egyház hogyan használja fel a felajánlásokat, ez a templom pénzügyi osztályától függ, de rajtunk múlik, hogy a tizedet a megfelelő címen fizessük be.

Másképpen is adakozhatunk a hálánk jeléül. Isten gyermekeinek sok oka van a hálára. A megváltás ajándékával felmehetünk a mennybe, a különböző feladatokkal a templomban learathatjuk a munkánk gyümölcsét a mennyben, és míg itt a földön élünk, megkapjuk Isten védelmet és áldását mindenkor, tehát milyen hálásak kell hogy legyünk!

Ezért minden vasárnap eljövünk Isten színe elé a különböző hálaadási felajánlásokkal, megköszönve Istennek, hogy megvédett minket egy hétig. És a bibliai ünnepeken vagy alkalmakkor, amikor különleges okunk van rá, hogy hálát adjunk Istennek, akkor elkülönítünk egy különleges felajánlást, és felkínáljuk Istennek.

A másokkal ápolt kapcsolatunkban, ha valaki segít nekünk,

vagy szolgál minket különleges módon, nem csak hálát érzünk a szívünkben, hanem szeretnénk valamit adni neki cserébe. Ugyanígy, csak természetes, hogy szeretnénk felajánlani valamit Istennek, hogy megmutassuk elismerésünket, hogy megadta az üdvösséget, és elkészítette a mennyországot nekünk (Máté 6:21).

Ha valaki azt mondja, hogy van hite, és mégis fukar, és nem adakozik Istennek, az azt jelenti, hogy még mindig van benne kapzsiság az anyagi dolgok iránt. Ez azt mutatja, hogy az anyagi dolgokat jobban szereti, mint Istent. Ezért Máté 6:24 azt mondja: *"Senki sem szolgálhat két úrnak. Mert vagy az egyiket gyűlöli és a másikat szereti; vagy az egyikhez ragaszkodik és a másikat megveti. Nem szolgálhattok Istennek és a Mammonnak."*

Ha érett keresztények vagyunk, és az anyagi javakat jobban szeretjük, mint Istent, akkor sokkal könnyebb számunkra, hogy visszaessünk a hitünkben, mint előrelépni. A kegyelem, amit valaha megkaptunk, régmúlt emlékké válik, az ok, amiért hálásak lehetünk, összezsugorodik, és mielőtt észrevennénk, a hitünk addig csökken, amíg végül az üdvösségünk veszélyben lesz.

Isten elégedett egy felajánlás illatával, ami igaz hálaadásból és hitből származik. Mindenkinek más a hite mértéke, és Isten tudja minden egyes ember helyzetét, és látja minden egyes ember szívének a legbelsejét. Tehát nem a felajánlás mérete vagy összege számít Neki. Ne feledd, hogy Jézus gratulált az özvegynek, aki felajánlotta a két kis réz-érméjét, amelyek az összes vagyonát képezték, amiből élhetett (Lukács 21:2-4).

Ha Isten kedvére teszünk ily módon, Isten megáld minket oly sok áldással, és okkal, hogy hálásak legyünk, hogy a felkínáltakhoz képest összehasonlíthatatlanul több áldást kapunk Tőle. Isten gondoskodik arról, hogy a lelkünk virágzó legyen, és megáld minket, hogy az életünk túlcsorduljon az okoktól, amiért hálásak lehetünk. Isten megáld bennünket harminc, hatvan vagy százszoros mértékben ahhoz képest, amit felajánlottunk Neki.

Miután elfogadtam Krisztust, amint megtudtam, hogy megfelelő tizedet és felajánlások kell tenni Istennek, azonnal engedelmeskedni kezdtem. Felhalmoztam egy csomó adósságot a hét év során, amikor ágyhoz kötött betegséggel éltem, viszont mivel annyira hálás voltam, amiért Isten meggyógyított engem a betegségemből, mindig felajánlottam Istennek annyit, amennyit csak tudtam. Annak ellenére, hogy a feleségem és én is dolgoztam, alig tudtuk fizetni a kamatot az adósságunk után. Ennek ellenére soha nem mentünk istentiszteletre üres kézzel.

Hittünk a Mindenható Istenben, és engedelmeskedtünk az Ő szavainak, mire Ő segített nekünk kifizetni a nyomasztó adósságunkat, mindössze néhány hónap alatt. És idővel, meg tudtuk tapasztalni azt, hogy Isten végtelen áldásokat ad nekünk, hogy bőségben éljünk.

A negyedik eset Isten szavainak az ellopása.

Isten szavainak az ellopása azt jelenti, hogy hamis próféciát hirdetünk Isten nevével (Jeremiás 23:30-32). Például, vannak olyan emberek, akik ellopják az Ő szavait, mondván, hogy hallották Isten hangját, és úgy beszélnek a jövőről, mint egy jósnő, vagy azt mondják egy embernek, aki nem sikeres az üzletben, hogy „Isten azt akarja, hogy lelkész legyél, mert az üzlet nem a te dolgod."

Az is Isten szavának ellopása, ha valakinek van egy álma vagy látomása, mely a saját gondolataiból származik, és azt mondja: „Isten adta nekem ezt az álmot," vagy „Isten adta nekem ezt a látomást." Ez abba a kategóriába esik, amikor visszaélünk Isten nevével.

Természetesen megértjük Isten akaratát a Szentlélek munkája révén, és hirdetjük, hogy az Isten akarata jó, de ahhoz, hogy ezt helyesen tegyük, ellenőriznünk kell, mi elfogadható Isten előtt. Ez azért van, mert Isten nem beszél csak úgy, bárkivel. Ő csak azokkal beszél, akik nem gonoszak a szívükben. Ezért meg kell győződnünk arról, hogy a legcsekélyebb módon sem loptuk el Isten szavait, miközben elmerültünk a saját gondolatainkban.

Ezenkívül, ha valaha is érzünk lelkiismeret-furdalást, szégyent vagy azt, hogy kínos, ha veszünk valamit, vagy teszünk valamit, ez annak a jele, hogy újra kell értékelni magunkat. Az ok, amiért úgy érezzük, lelkiismeret-furdalásunk van az, hogy elképzelhető, hogy valamit elveszünk, ami nem a miénk, a saját önző indítékaink miatt, és a Szentlélek gyászol bennünk.

Például akkor is, ha ellopunk el egy tárgyat, vagy ha fizetést kapunk az után, hogy lusták voltunk, vagy ha kapunk egy feladatot a templomban, de nem teljesítjük a vállalásainkat, feltételezve, hogy jó szívünk van, lelkiismeret-furdalást kell éreznünk.

Továbbá, ha valaki, aki Istennek szentelte az életét, félreteszi Istent, és veszteséget okoz az Isten országának, időt lopott ezzel. Nem csak Istennel, hanem munka vagy informális környezet esetében, meg kell hogy bizonyosodjunk arról, hogy pontosak vagyunk, így nem okozunk veszteséget, vagy azt, hogy mások az idejüket vesztegetik miattunk.

Ezért mindig értékelni kell magunkat, hogy megbizonyosodjunk arról, hogy nem követjük el a lopás bűnét semmilyen módon, és kidobjuk az önzés és a kapzsiság maradékát az elménkből és a szívünkből. És tiszta lelkiismerettel arra kell törekednünk, hogy igaz és őszinte szívünk legyen Isten előtt.

Tizedik fejezet

A kilencedik parancsolat

„Ne tégy a te felebarátod ellen hamis tanúbizonyságot"

Exodus 20:16

„Ne tégy a te felebarátod ellen hamis tanúbizonyságot."

Ez volt az az éjszaka, amikor Jézust letartóztatták. Miközben Péter az udvaron ült, ahol Jézust kikérdezték, a cselédlány azt mondta neki: „Te is a galileai Jézussal voltál. Erre a meglepett Péter visszavágott: Nem tudom, miről beszélsz" (Máté 26). Péter nem igazán tagadta Jézust a lelke mélyén, és azért hazudott, mert hirtelen megnőtt a félelme. Az incidens után, Péter kiment, és bevágta a fejét a földbe, és sírt keservesen. Aztán amikor Jézus vitte fel a keresztet a Golgotán, Péter csak távolról tudta követni, szégyenkezve, és még a fejét sem tudva felemelni.

Bár mindez az előtt történt, hogy Péter megkapta volna a Szentlelket, emiatt a hazugság miatt, nem merte vállalni, hogy keresztre feszítsék, mint Jézust, álló helyzetben. Még az után is, hogy megkapta a Szentlelket, és az egész életét az Ő szolgálatának szentelte, annyira szégyellte az időt, amikor megtagadta Jézust, hogy végül felajánlotta, hogy fejjel lefelé feszítsék keresztre.

„Ne tégy a te felebarátod ellen hamis tanúbizonyságot."

A szavakból, amelyeket az emberek naponta kiejtenek, vannak olyan szavak, amelyek nagyon fontosak, míg más szavak jelentéktelenek. Egyes szavak értelmetlenek, és néhány szó gonosz, mely fájdalmat okoz, vagy becsap másokat.

A hazugságok gonosz szavak, melyek eltérnek az igazságtól.

Annak ellenére, hogy nem ismeri el, sok ember számtalan hazugságot mond minden nap, mind kis, mind nagy hazugságot. Vannak, akik büszkén mondják: „Én nem hazudok", de mielőtt észrevennék, akaratlanul is áll egy hazugsághegy tetején állnak. A mocsok, piszok és a betegség rejtve maradhat a sötétben. Azonban, ha egy erős fény süt be a szobába, még a legkisebb porszem vagy folt is egyértelműen láthatóvá válik. Hasonlóképpen, az Isten is, aki maga az igazság, olyan, mint a fény, és látja, hogy sokan hazudnak, állandóan.

Ezért a kilencedik parancsolatban Isten azt mondja nekünk, hogy ne tegyünk hamis vallomást a szomszédunk ellen. Itt a „szomszéd" jelenti a szülőket, testvéreket, gyermekeket, bárki mást, kivéve saját magunkat. Vizsgáljuk meg, hogy Isten hogyan határozza meg a „hamis tanúbizonyságot" három részben.

Először is, a „hamis tanúbizonyság" kifejezés azt jelenti, hogy valótlanságokat állítasz a szomszédodról.

Láthatjuk, hogy milyen szörnyű lehet a hamis tanúvallomás, például, ha megfigyeljük a tárgyalásokat a bíróságon. Mivel egy tanú vallomása közvetlenül befolyásolja a végső ítéletedet, a legkisebb vallomás nagy szerencsétlenséget okozhat egy ártatlan embernek, és a helyzet élet-halál kérdésévé válhat.

A visszaélések megelőzése érdekében a tanúk padján, vagy a hamis tanúvallomások gyakorlatának megállítása érdekében, Isten megparancsolta, hogy a bírák különböző tanúkat kell hogy kihallgassanak, hogy helyesen megértsék, minden szempontból az ügyet, így lehet, hogy bölcs és helyes ítéleteket hoznak. Ezért azt rendelte, hogy akik tanúskodnak, és azok, akik ítélkeznek, körültekintően és óvatosan tegyék ezt.

A Deuteronomé 19:15-ben Isten ezt mondja: *"Ne álljon elő egy tanú senki ellen semmiféle hamisság és semmiféle bűn miatt; akármilyen bűnben bűnös valaki, két tanú szavára vagy három tanú szavára álljon a dolog."* A 16-20. versekben meg így folytatja: *"ha hazug tanú lesz a tanú, aki hazugságot szólott az ő atyjafia ellen,"* akkor meg kell kapnia a büntetést, amit a testvérének szánt.

Eltekintve a súlyos esetektől, mint ez is, ahol egy személy nagy veszteséget okoz egy másik személynek, vannak más esetek, amikor az emberek kis hazugságokat ejtenek el itt-ott a szomszédoknál a mindennapi életben. Még ha nem is hazudik a szomszédjáról, ha nem fedi fel az igazságot egy olyan helyzetben, amikor beszélnie kellene az igazságról a szomszéd védelmében, ezt is úgy lehet tekinteni, hogy hamis vallomást tett.

Ha egy másik személyt vonnak felelősségre a rosszért, amit elkövettünk, és nem szólalunk meg, mert félünk, hogy bajt okozunk magunknak, akkor hogyan lehet tiszta lelkiismeretünk? Igen, Isten megparancsolta nekünk, hogy ne hazudjunk, de azt is megparancsolja számunkra, hogy őszinte szívünk legyen, hogy a szavaink és tetteink integritást és az igazságot tükrözzenek.

Akkor mit gondol Isten a „kis fehér hazugságokról", amiket azért mondunk, hogy vigasztaljunk valakit, hogy jobban érezze magát?

Például, ha meglátogatunk egy barátunkat, és azt kérdezi tőlünk: „Ettél?" És bár nem ettünk, azt válaszoljuk: „Igen, igen," hogy ne zavarjuk őt. Azonban, ebben az esetben meg kell mondani az igazságot: „Nem, nem ettem, de nem akarok enni most."

Vannak példák „kis fehér hazugságokra" a Bibliában is.

A Mózes 1. fejezetében van egy jelenet, amikor Egyiptom királya úgy érzi, ideges, mert az Izráel fiai nagy számot értek el, és bizonyos dolgot mond a héber bábáknak. Ezt mondja nekik: *„Mikoron héber asszonyok körűl bábálkodtok, nézzetek a szűlőszékre: ha fiú az, azt öljétek meg, ha pedig leány az, hadd éljen"* (16. vers).

De az istenfélő héber bábák nem hallgatták meg Egyiptom királyát, és megtartották életben a fiúcsecsemőket is. Amikor a király hívatta a bábákat, és megkérdezte: „Miért tettétek ezt a dolgot, és hagytátok, hogy a fiúk éljenek?" – azt válaszolták: „Mert a héber asszonyok nem olyanok, mint az egyiptomi nők: erősek a szüléshez, megszülték őket, mielőtt a bába el tudta volna kapni őket."

Továbbá, amikor Izrael első királya, Saul király, féltékeny lett Dávidra, és megpróbálta megölni, mert jobban szerették őt az emberek, Jonathán, Saul fia, becsapta őt annak érdekében, hogy megmentse Dávid életét.

Ebben az esetben, amikor az emberek kizárólag a másik személy javára hazudnak, igazán jó szándékkal, és nem a saját önző indokuk miatt, Isten nem fogja automatikusan megbüntetni őket, és azt mondani: „Hazudtál." Csakúgy, mint a héber szülésznők esetében, kegyelmet fog mutatni, mivel megpróbálták megmenteni az életeket a jó szándékuk miatt. Ugyanakkor, ha az emberek elérik a teljes jóságot, képesek lesznek megérinteni az ellenségük szívét, vagy azt a személyt, akivel éppen beszélnek, anélkül, hogy „kis fehér hazugságot" kellene mondaniuk.

Másodszor, a szavak hozzáadásával vagy kivonásával, amikor átadunk egy üzenetet, a hamis tanúbizonyság egy másik formáját követjük el.

Ez a helyzet, ha egy üzenetet úgy adsz át valakiről, hogy az torzítja az igazságot, talán azért, mert hozzáadtad a saját gondolataidat, érzéseidet, vagy kihagytál bizonyos szavakat. Ha valaki mond nekik valamit, a legtöbb ember szubjektív füllel hallgat, tehát az információ felfogása erősen függ a saját érzelmeiktől és a múltbeli tapasztalataiktól. Ezért, ha bizonyos információk egyik személytől a másikhoz kerülnek, az eredeti beszélő szándékolt üzenete könnyen elvesztődhet.

De még ha minden egyes szó – írásjelek és minden egyéb –

pontosan jut el, a hírvivő intonációjától és hangsúlyától függően, a jelentése elkerülhetetlenül meg fog változni. Például, nagy különbség van, ha valaki szeretettel kérdezi meg a barátját: „Miért?," és ha valaki kegyetlen arccal rákiált az ellenségére, hogy „Miért?"

Ezért, amikor hallgatunk valakit, meg kell próbálnunk megérteni, amit mond anélkül, hogy személyes érzéseket kapcsolnánk az üzenetéhez. Ugyanez a szabály érvényes, ha másokkal beszélünk. Meg kell próbálnunk a legjobb tudásunk szerint, hogy pontosan visszaadjuk az eredeti beszélő üzenetét – a szándékolt értelmét, és minden egyebet.

Továbbá, ha az üzenet tartalma valótlan, vagy nem feltétlenül hasznos a hallgató számára, még ha pontosan vissza is tudjuk adni a jelentését, jobb, ha nem adjuk át az üzenetet egyáltalán. Ez azért van, mert még ha jó szándékkal adjuk is át, lehet, hogy a fogadó fél sértődött vagy fájdalma van, és ha ez megtörténik, akkor a végén felkavarjuk a viszályt az emberek között.

Máté 12:36-37 ezt tartalmazza: *„De mondom néktek: Minden hivalkodó beszédért, amit beszélnek az emberek, számot adnak majd az ítélet napján. Mert a te beszédidből ismertetel igaznak, és a te beszédidből ismertetel hamisnak."* Ezért tartózkodnunk kell olyan szavak kiejtésétől, amelyek nem igazak, és nem az Úr szeretetéről szólnak. Ez arra is vonatkozik, hogy hogyan kell meghallgatni a szavakat.

Harmadszor, elítélni és kritizálni másokat anélkül, hogy valóban megértenénk a szívüket, a felebarát elleni hamis tanúbizonyság egyik formája.

Gyakori, hogy az emberek ítéletet mondanak valaki szívéről vagy szándékairól ránézésre, a kifejezésük vagy cselekedetük alapján, a saját gondolataikat és érzéseiket mint alapot felhasználva erre. Lehet, hogy azt mondják: „Ez a személy valószínűleg azért mondta ezt, mert...," vagy pedig azt mondják: „Határozottan ez volt a szándéka, amikor ezt cselekedte."

Tegyük fel, hogy a fiatal munkavállaló nem viselkedett túl barátságosan a felettesével, mert ideges volt az új környezete miatt. A felettese ezt gondolhatta: „az új fiú kényelmetlenül érzi magát velem. Talán azért, mert negatív kritikát mondtam róla a minap." Ez egy tévhit, ami a saját fogalmai miatt alakul ki a főnökben. Egy másik esetben valaki, akinek gyenge a látása, vagy mély gondolatokba merült, elmegy a barátja mellett, észre sem véve őt. A barát ezt gondolhatja: „Úgy viselkedik, mintha nem is ismerne! Kíváncsi vagyok, hogy vajon haragszik rám?"

És ha valaki más pontosan ugyanebben a helyzetben lenne, más reakciót mutathat. Mindenkinek mások a gondolatai és érzései, és így minden ember másképp reagál bizonyos körülmények között. Ezért, feltéve, hogy mindenki ugyanolyan nehézségeket kapott, minden egyénnek más szintű ereje lesz, hogy legyőzze azt. Ez az oka annak, hogy ha valakit fájdalomban látunk, soha nem szabad elítélni őt a saját toleranciaszintünk alapján, és ezt gondolni: „Miért van, hogy ilyen nagy felhajtást csinál a semmiből?" Nem könnyű, hogy teljesen megértsük a másik ember szívét, még ha igazán szeretjük is őt, és szoros kapcsolatot ápolunk vele.

Ezen kívül nagyon sok más módon ítélkeznek mások felett, és értenek félre másokat, válnak csalódottá bennük, és végül elítélik őket... mindezt azért, mert másokat a saját elképzeléseik szerint ítélnek meg. Ha saját normáink alapján ítéljük meg a másik személyt, azt gondolva, hogy egy kifejezett szándék van a szívében, annak ellenére, hogy valójában nincs is, aztán negatívan beszélünk róla, hamis tanúbizonyságot teszünk róla. És ha így cselekszünk, és meghallgatjuk a hazugságot, és hozzájárulunk a bíráskodáshoz és egy ember adott elítéléséhez, akkor ismét, elkövetjük a hamis tanúvallomás bűnét a szomszédunk ellen.

A legtöbb ember úgy gondolja, hogy ha ő maga egy helyzetre gonosz módon reagál, akkor mások ugyanabban a helyzetben ugyanezt fogják tenni. Mivel csaló szíve van, azt hiszi, mások szíve is csaló. Ha lát egy adott helyzetet vagy jelenetet, és gonosz gondolatai vannak, azt gondolja: „Fogadok, hogy annak az embernek is gonosz gondolatai vannak." És mivel ő mag lenéz másokat, azt gondolja, hogy „Az az ember lenéz engem. Beképzelt."

Ezért olvassuk a következőket a Jakab 4:11-ben: *„Ne*

szóljátok meg egymást atyámfiai. Aki megszólja atyjafiát, és aki kárhoztatja atyjafiát, az a törvény ellen szól, és a törvényt kárhoztatja. Ha pedig a törvényt kárhoztatod, nem megtartója, hanem bírája vagy a törvénynek." Ha valaki bíráskodik, és megrágalmazza a testvérét, ez azt jelenti, hogy büszke, és hogy végül Isten, a bíró akar lenni.

És fontos tudni, hogy ha mások gyengeségéről beszélünk, és megítéljük őket, olyan bűnt követünk el, amely sokkal gonoszabb. A Máté 7:1-5-ben ezt olvassuk: *„Ne ítéljetek, hogy ne ítéltessetek. Mert amilyen ítélettel ítéltek, olyannal ítéltettek, és amilyen mértékkel mértek, olyannal mérnek néktek. Miért nézed pedig a szálkát, amely a te atyádfia szemében van, a gerendát pedig, amely a te szemedben van, nem veszed észre? Avagy mi módon mondhatod a te atyádfiának: Hadd vessem ki a szálkát a te szemedből; holott ímé, a te szemedben gerenda van? Képmutató, vesd ki előbb a gerendát a te szemedből, és akkor gondolj arra, hogy kivessed a szálkát a te atyádfiának szeméből!"*

Még egy dolog, amivel nagyon óvatosnak kell lennünk, az az Isten szavainak a megítélése a saját gondolataink alapján. Ami lehetetlen az emberrel, lehetséges Istennel, így amikor Isten szavairól beszélünk, soha nem mondhatjuk, hogy „az nem igaz."

Hazugság túlzás vagy az igazság alulbecsülése által

Mindenféle gonosz szándék nélkül, az emberek hajlamosak eltúlozni, vagy alábecsülni az igazságot, napi rendszerességgel. Például, ha valaki sokat evett, azt mondhatnánk, „Mindent megevett." És ha van még egy kis étel, mondhatnánk, „Egy morzsa sem maradt!" Van olyan, hogy – miután azt látjuk, hogy három vagy négy ember egyetért valamiben – azt mondjuk: „Mindenki egyetértett."

Amit sokan nem tekintenek hazugságnak, valójában hazugság. Vannak olyan esetek is, amikor egy olyan helyzetről beszélünk, amit nem igazán ismerünk, ennek eredményeként valójában hazudunk.

Például, tegyük fel, hogy valaki megkérdezi tőlünk, hogy hány fő dolgozik egy adott cégben, és megadjuk a választ: „Ennyi ember dolgozik ott," majd később összeszámoljuk, és rájövünk, hogy a tényleges szám különbözik attól, amit mondtunk. Annak ellenére, hogy nem hazudtunk szándékosan, mégis egy hazugságot mondtunk, mert eltér az igazságtól. Tehát ebben az esetben, egy jobb módja annak, hogy válaszoljunk a kérdésre, ez lenne: „Nem tudom a pontos számot, de azt gondolom, hogy ennyi ember dolgozik ott."

Természetesen az ilyen jellegű esetekben nem szándékosan próbálunk felülni a gonosz indítékoknak, vagy ítélünk el másokat a gonosz szívük miatt. Azonban, ha látjuk a legkisebb ilyen jellegű gondolatot és cselekedetet, akkor jó ötlet, hogy a probléma végére járunk. Az a személy, akinek a szíve tele van az igazsággal, nem fog hozzáadni vagy elvenni az igazságból, nem számít, milyen jelentéktelen ügyről beszélünk.

Egy nagyon igaz és őszinte ember az igazságot mint igazságot fogadja be, és úgy adja tovább, mint az igazság. Tehát, még akkor is, ha valami nagyon kicsi és jelentéktelen, ha azt látjuk, hogy a legkisebb hamisságot hozzáadva beszélünk róla, tudnunk kell, hogy ez azt jelenti, hogy a szívünket még nem töltötte be az igazság. És ha a szíved nincs teljesen tele az igazsággal még, ez azt jelenti, hogy ha életveszélyes helyzetben vagyunk, teljes mértékben képesek vagyunk arra, hogy kárt okozzunk másoknak azzal, hogy hazudunk róluk.

Amint írva található az 1 Péter 4:11-ben: *„Ha valaki szól, mintegy Isten ígéit szólja,"* meg kell próbálnunk, hogy ne hazudjunk, vagy viccelődjünk a valótlan szavakkal. Nem számít, mit mondunk, mindig beszéljünk őszintén, mintha Isten szavait ejtenénk ki. Ezt buzgó imádsággal, és a Szentlélek irányításának a befogadásával tehetjük meg.

Tizenegyedik fejezet

A tizedik parancsolat

„Ne kívánd felebarátod házát"

Exodus 20:17

„Ne kívánd a te felebarátodnak házát. Ne kívánd a te felebarátodnak feleségét, se szolgáját, se szolgálóleányát, se ökrét, se szamarát, és semmit, ami a te felebarátodé."

Ismered a történet a libáról, amely aranytojást tojt, Aesopus egyik híres meséjét? Egyszer régen, egy kis faluban élt, egy mezőgazdasági termelő, akinek volt egy furcsa libája. Míg azon gondolkodott, hogy mit tegyen a libával, egy nagyon megrázó dologtörtént.

A liba egy aranytojást tojt minden reggel. Aztán egy nap, a gazda azt gondolta: „Valószínűleg van egy csomó tojás a libában." És hirtelen, a farmer önző lett, és szerette volna, ha egy rakás aranytojást kapott volna azonnal, ahelyett, hogy minden nap egy aranytojást kap.

És amikor a kapzsisága túl nagy lett, a gazda felvágta a libát, csak hogy megtudja, hogy nem volt egyetlen gramm arany sem belül a libában. Abban a pillanatban, a gazda rájött, hogy tévedett, és megbánta tetteit, de már késő volt.

Egy személy kapzsiságának nincsenek határai. Nem számít, hány folyó folyik az óceánba, az óceánt nem lehet megtölteni. Ilyen az ember kapzsisága is. Nem számít, hogy mennyit birtokolunk, nincs teljes megelégedés. Látjuk ezt minden nap. Ha valaki a mohóság áldozata lesz, elégedetlen lesz azzal, amije van, és kapzsivá válik, és megpróbálja birtokolni azt, ami a másoké, akkor is, ha beteges módszereket használ. Végül súlyos bűnt követ el.

„Ne kívánd a te felebarátodnak házát"

A „kívánd" azt jelenti, hogy olyant akarunk, ami nem a

miénk, és megpróbáljuk birtokolni valaki másnak a holmiját nem megfelelő módon, vagy olyan szívünk, hogy minden testi dolgot birtokolni akar a világon.

A legtöbb bűncselekmény a kapzsi szívvel kezdődik. A kapzsiság azt okozhatja, hogy az emberek hazudnak, lopnak, rabolnak, csalnak, sikkasztanak, gyilkolnak, és mindenféle más bűncselekményeket elkövetnek. Vannak olyan esetek is, amikor az emberek nem csak anyagi dolgokat kívánnak, hanem pozíciót és hírnevet is.

Ezek miatt a kapzsi szívek miatt, időnként a testvérkapcsolatok, a szülő-gyermek kapcsolat, vagy akár a férj-feleség kapcsolat ellenségessé válik. Egyes családok ellenségekké válnak, és ahelyett, hogy boldog életet élnének az igazságban, az emberek egyre féltékenyebbek és irigyebbek lesznek azokra, akiknek többjük van, mint nekik.

Ez az ok, amiért a tizedik parancsolattal Isten figyelmeztet minket a kapzsiságról, ami a bűnt szüli. Továbbá, Isten azt akarja, hogy gondolkodjunk a fenti dolgokról (Kolosszeus 3:2). Csak ha az örök életet keressük, és kitöltjük a szívünket reménnyel a mennyországban, találunk igazi elégedettséget és boldogságot. Csak ekkor tudunk megszabadulni a kapzsiságtól. Lukács 12:15 azt mondja: *„Meglássátok, hogy eltávoztassátok a telhetetlenséget; mert nem a vagyonnal való bővölködésben van az embernek az ő élete."* Ahogy Jézus mondja, csak ha az összes kapzsiságunktól megszabadultunk, maradhatunk távol a bűntől, hogy örök életünk legyen.

A folyamat, amelynek során a kívánság bűnné változik

Tehát hogyan változik a kívánság egy bűnös cselekedetté? Tegyük fel, hogy meglátogattál egy rendkívül gazdag házat. A ház márványból készült, és óriási. A ház tele van mindenféle luxus dolgokkal. Ez elég ahhoz, hogy valaki azt mondja: „Ez a ház csodálatos. Abszolút szép!"

De sokan nem állnak meg, miután ezt a megjegyzést tették. Tovább gondolkodnak: „Bárcsak lenne egy ilyen házam, mint ezt. Bárcsak én is olyan gazdag lehetnék, mint ez a személy..." Természetesen az igazi hívők nem engedik meg maguknak, hogy ez a gondolat lopássá alakuljon bennük. De ezzel a gondolkodással: „Bárcsak nekem is lenne ilyenem," a kapzsiság bemehet a szívükbe.

Ahogy a kapzsiság beköltözött a szívünkbe, idővel bűnt követünk el. A Jakab 1:15-ben ezt olvassuk: *„Azután a kívánság megfoganván, bűnt szűl; a bűn pedig teljességre jutván halált nemz."* Vannak hívők, akik legyőz ez a vágy vagy kapzsiság, és a végén bűncselekményt követnek el.

A Józsué 7. fejezetében, olvashatunk Ákánról, akit legyőz

ez a fajta kapzsiság, és végül meghal büntetésből. Józsué, mint Mózes helyettes vezetője, Kánaán földjének a meghódításán dolgozott. Az izraeliták éppen megostromolták Jerikót. Józsué figyelmeztette a népét, hogy minden, ami Jerikóból származik, az Istennek szentelt, így senki sem teheti rá a kezét.

Azonban, látva egy drága ruhát, és néhány ezüstöt és aranyat, Ákán áhította őket, és csendben elrejtette őket magának. Mivel Józsué nem tudott erről, folytatta a következő város meghódítását, amely Ai városa volt. Mivel Ai egy kis város volt, az izraeliták úgy gondolták, hogy egy egyszerű csata lesz. De nagy zavart okozott számukra a meglepetés, amikor elvesztették. Aztán Isten azt mondta Józsuénak, hogy Ákán bűne miatt történt. Ennek következtében nem csak Ákán, hanem az egész családja, még az állatai is, meg kellett hogy haljanak.

A 2 Királyok ötödik fejezetében olvashatunk Géháziról, aki Elizeus szolgája volt, aki leprás lett, mert hőn áhított olyan dolgokat, amelyeket nem kellett volna. Mivel Elizeus ezt mondta neki, Naámán hadvezér megmosakodott hétszer a Jordánban, hogy megtisztuljon a bélpoklosságából. Miután meggyógyult, akart adni Elishának néhány ajándékot az elismerése jeléül. Elizeus nem volt hajlandó elfogadni semmit.

Ezt követően, Naámán hadvezér útban volt vissza a hazájába, amikor Géházi utánafutott, úgy téve, mintha Elizeus küldte volna, és néhány árut kért. Elvette az árukat, és elrejtette őket. Ezen felül, visszatért Elizeushoz, és megpróbálta becsapni őt, annak ellenére, hogy Elizeus tudta, hogy mire készül, a kezdetektől fogva. És így Géházi megkapta a leprát Naámántól.

Ugyanez volt a helyzet Ananiás és a felesége, Safira között a Cselekedetek ötödik fejezetében. Eladtak egy részt a vagyonukból, és megígérték, hogy felajánlják Istennek a pénzt, amit kaptak belőle. De ahogy a pénz a kezükben volt, a szívük megváltozott, és elrejtették egy részét a pénznek a maguk számára, és a többit elvitték az apostoloknak. Kívánva a pénzt, megpróbálták becsapni az apostolokat. De az apostolok megtévesztése megegyezik a Szentlélek megtévesztésével, így azonnal, a lelkük elhagyta őket, és mindketten meghaltak azon a helyen.

A kívánó szívek halálhoz vezetnek

A mohóság olyan nagy bűn, hogy végül halálhoz vezet. Ezért létfontosságú számunkra, hogy kidobjuk a kapzsiságot a szívünkből, valamint a kísértéseket és a kapzsiságot is, amelyek a testi dolgok felé vonzanak bennünket ezen a világon. Mi a jó abban, ha megnyersz mindent, amit akarsz az egész világon, de elveszíted az életedet?

Éppen ellenkezőleg, bár lehet, hogy nincs meg minden gazdagságod ezen a világon, ha hiszel az Úrban, és igazi életet élsz, igazán gazdag ember leszel. Amint megtudjuk a gazdag ember és Lázár, a koldus példázatából a Lukács 16. fejezetében, egy igaz élet az, ha a megváltást elérjük, miután a mohó szívet megszüntettük magunkban.

Egy gazdag ember, aki nem hitt Istenben, és nem volt reménysége a mennyországban, csodálatos életet élt, szép ruhát viselt, kielégítve világi kapzsiságát, és örömét lelve a dorbézolásban. Másrészt, a koldus Lázár könyörögve feküdt a gazdag ember kapuja előtt. Az élete nagyon alávaló volt, még a kutyák is odamentek hozzá, hogy megnyalják a sebeket a testén. Ugyanakkor, a szíve közepén, dicsérte Istent, és mindig volt reménysége az égben.

Végül, mind a gazdag ember, mind Lázár meghalt. A koldust, Lázárt az angyalok Ábrahám oldalához vitték, de a gazdag ember elment a sírba, ahol gyötrelemben élt. Mivel annyira szomjas volt a fájdalomtól és tűztől, a gazdag ember csak egy csepp vizet kívánt, de még ezt a kívánságát sem lehetett biztosítani.

Valószínűleg úgy döntött volna, hogy az örök élet választja a mennyben, akkor is, ha ez azt jelentette volna, hogy szegény életet él itt a földön. És valakinek, aki nagyon rászoruló élet él itt, mint Lázár, ha csak megtudja, hogyan kell félnie Istent, és az Ő fényében élnie, ő is megkaphatja az anyagi javak áldását, míg itt él a földön.

Miután a felesége, Sára meghalt, Ábrahám, a hit atyja, meg akarta venni a Makpelá barlangot, hogy eltemesse a feleségét oda. A barlang tulajdonosa azt mondta neki, hogy vegye el ingyen, de Ábrahám nem volt hajlandó erre, és kifizette a teljes árat érte. Azért tette ezt, mert nem volt még nyoma sem a mohóságnak a szívében. Mivel nem az övé volt, nem is gondolt arra, hogy birtokolja azt (Mózes 23:9-19).

Továbbá, Ábrahám szerette Istent, és engedelmeskedett a szavának, és becsületes és a tisztességes életet élt. Ez az, amiért a földi életben, Ábraham nem csak az anyagi javak áldását, hanem a hosszú élet, hírnév, hatalom, leszármazottak, és így tovább áldását is megkapta. Még azt a lelki áldást is megkapta, hogy „Isten barátjának" nevezték.

A lelki áldások felülmúlják az összes anyagi áldást

Néha az emberek azt kérdezik, kíváncsian, hogy: „Az az ember olyan jó hívőnek néz ki. Hogy lehet, hogy nem kap túl sok áldást?" Ha ez a személy Krisztus igazi követője lenne, aki igaz hittel élne nap mint nap, azt látnánk, hogy Isten megáldja őt a legjobb dolgokkal.

Amint írva van a 3 János 1:2-ben: „*Szeretett barátom, kívánom, hogy mindenben jól legyen dolgod, és légy egészséges, amint jó dolga van a lelkednek,*" Isten megáld minket, hogy a lelkünk legyen jól, minden más előtt. Ha úgy élünk, mint Isten szent gyermekei, megszabadulva az összes gonoszságtól a szívünkben, és engedelmeskedve az Ő parancsolatainak, Isten biztosan megáld minket, és minden rendben lesz velünk, többek között az egészségünk is.

De ha valaki, akinek a lelke nem virágzó, úgy néz ki, mint aki egy csomó anyagi áldást kap, nem mondhatjuk, hogy ez egy áldás Istentől. Ebben az esetben, az ő gazdagsága valójában azt okozhatja neki, hogy mohó lesz. A kapzsisága bűnt szülhet, és végül, elesik Istentől.

Amikor a helyzet nehéz, az emberek tiszta szívvel függhetnek Istentől, és szolgálhatják Őt szorgalmasan és szeretettel. De túl gyakran, miután megkapták az anyagi áldásokat az üzleti életben vagy a munkahelyükön, a szívük elkezd vágyakozni több dologért a világon, és elkezdenek kifogásokat gyártani arról, hogy túl elfoglaltak, és a végén egyre távolabb kerülnek Istentől. Amikor a nyereségük vagy a jövedelmük alacsony, általában a tizedet jószívvel, hálával felajánlják, de amikor a jövedelmek megnövekednek, és a tizedet is meg kell növelni, a szívük könnyen megrendül. Ha a szívünk ily módon változik, mint ez, és eltávolodunk Isten szavától, és végül olyanok leszünk, mint az emberek a szekuláris világban, akkor az áldás, amit kaptunk, a végén szerencsétlenséget fog jelenteni a számunkra.

Azonban azok, akiknek a lelke virágzó, nem kívánják a világ dolgait, és ha meg is kapják a becsület és a szerencse áldását Istentől, nem lesznek kapzsik, hogy még többet kapjanak. És nem morognak, vagy panaszkodnak, csak azért, mert nem birtokolnak jó dolgokat ezen a világon, mert hajlandóak lennének felajánlani mindenüket, amijük van, még az életüket is Istennek.

Az emberek, akiknek a lelke jól van, meg fogják őrizni hitüket, és Istent szolgálni, nem számít, milyen körülmények között vannak, és az áldást, amit kapnak Istentől, csak az Ő királyságának és a dicsőségének a fenntartására fogják használni. És mivel a virágzó lelkű emberekben nincs a legcsekélyebb tendencia arra, hogy üldözzék a világi örömöket, vagy kóboroljanak, keresve a jókedvet, vagy gyalogoljanak a halál felé, Isten megáldja őket bőségesen, és még jobban.

Ez az, amiért a lelki áldások sokkal fontosabbak, mint a fizikai áldások ezen a világon, melyek elhalványulnak, mint a köd. És így, mindenek felett, először lelki áldásokat kell kapnunk.

Soha nem kereshetjük Isten áldását azért, hogy kielégítsük a világi vágyainkat

Még ha nem is kaptuk meg a lelki áldásokat, ha továbbra is az igazság útján járunk, és keressük Istent hittel, Ő feltölt bennünket, amikor eljön az ideje. Az emberek imádkoznak, hogy valami megtörténjen, de azonnal, azonban ideje és időtartama van mindennek az ég alatt, és Isten tudja, hogy mikor van a legjobb idő. Vannak esetek, amikor Isten megvárakoztat bennünket, hogy még nagyobb áldást tudjon adni nekünk.

Ha kérünk Istentől valamit igaz hittel, megkapjuk az erőt, hogy imádkozzunk folyamatosan addig, amíg meg nem kapjuk a választ. De ha valamit a testi vágyaink miatt kérünk Istentől, akkor nem számít, hogy mennyit imádkozunk, nem kapjuk meg a hitet, hogy valóban úgy gondoljuk, és nem kapunk választ Tőle.

A Jakab 4:2-3 ezt tartalmazza: *"Kívántok valamit, és nincs néktek: gyilkoltok és irígykedtek, és nem nyerhetitek meg; harcoltok és háborúskodtok; és nincsen semmitek, mert nem kéritek. Kéritek, de nem kapjátok, mert nem jól kéritek, hogy gerjedelmeitekre költsétek azt."* Isten nem tud választ adni nekünk, amikor azért kérünk valamit, hogy a világi vágyainkat kielégítsük. Ha egy fiatal diák a szüleitől pénzt kér, hogy vásárolni dolgokat, amiket nem kellene megvegyen, akkor a szülők jobb, ha nem adnak neki pénzt.

Éppen ezért nem szabad imádkozni, és a saját gondolataink alapján keresni, hanem inkább a Szentlélek segítségével meg kell keresni azokat a dolgokat, amelyek összhangban vannak Isten akaratával (Zsidók 1:20). A Szentlélek ismeri Isten szívét, és megérti Isten mély dolgait, ezért, ha a Szentlelket hagyod irányítani ima közben, akkor gyorsan megkapod Isten válaszát a minden imádra.

Szóval, hogyan hagyatkozzunk a Szentlélek vezetésére, és imádkozzunk Isten akarata szerint?

Először is, fel kell vérteznünk magunkat Isten szavával, és alkalmaznunk kell a Szavát az életünkben, így a szívünk is olyan lesz, mint a Jézus Krisztusé. Ha olyan a szívünk, mint a Krisztusé, akkor természetesen Isten akarata szerint fogunk imádkozni, és megkapjuk a választ minden imánkra. Ez azért van, mert a Szentlélek, aki ismeri Isten szívét, vigyázni fog a szívünkre, így azokat a dolgokat tudjuk kérni, amelyekre valóban szükségünk van.

Ahogy a Máté 6:33-ban látjuk: *„Hanem keressétek először Istennek országát, és az ő igazságát; és ezek mind megadatnak néktek,"* Először keresd Isten országát, majd kérd, amire szükséged van. Ha úgy imádkozol, hogy először Isten akaratát kereseed, meg fogod tapasztalni Isten túláradó áldásait az életedben úgy, hogy a poharad túlcsordul mindennel, amire szükséged van a földön, és még többel.

Ezért kell folyamatosan igaz és őszinte imával közelítenünk Istenhez. Ha erőteljes imákat halmozol fel a Szentlélek irányításával naponta, minden kapzsiság vagy bűnös természet kitakarodik a szívedből, és meg fogod kapni, amit kérsz az imádságban.

Pál apostol a Római Birodalomban volt állampolgár, és Gamálielnél tanult, aki a legjobb és legismertebb tudós volt a maga idejében. Azonban Pál nem volt érdekelt a világi dolgokban. Krisztus miatt, úgy ítélte meg, hogy mindene, ami van, szemét. Mint Pál, ő is úgy gondolta, hogy amit a leghatározottabban szeretni és vágyakozni kell, az a Jézus Krisztus tanítása, vagy az igazság szavai.

Ha megnyerünk mindent a világ gazdagságából, becsületből, hatalomból, stb., és nem nyerünk örök életet, mire jók ezek a dolgok? De ha, mint Pál apostol, elhagyunk minden gazdagságot ezen a világon, és Isten akarata szerint éljük le az életünket, akkor Isten biztosan megáld minket, és a lelkünk virágozni fog. És akkor „nagynak" hívnak majd a mennyben, és sikeresek leszünk, minden területén az életünknek itt a földön is.

Ezért imádkozom, hogy le tudj küzdeni minden kapzsiságot vagy fösvénységet a szívedből és az életedből, miközben szorgalmasan keresed a megelégedettséget azzal, amid már van, ahogy fenntartod a reményt a mennyországban. Akkor tudom, hogy mindig tele lesz az életed hálaadással és örömmel.

Tizenkettedik fejezet

Az Istennel lakás törvénye

Cselekedetek 8:17

„Én az engem szeretőket szeretem, és akik engem szorgalmasan keresnek, megtalálnak."

A Máté 22-ben van egy jelenet, amikor az egyik farizeus megkérdezi Jézust, hogy melyik a legnagyobb parancsolat a törvényben.

Jézus ezt felelte: *„Jézus pedig monda néki: Szeresd az Urat, a te Istenedet teljes szívedből, teljes lelkedből és teljes elmédből. Ez az első és nagy parancsolat. A második pedig hasonlatos ehhez: Szeresd felebarátodat, mint magadat"* (Máté 22:37-40).

Ez azt jelenti, hogy ha szeretjük Istent teljes szívünkből és lelkünkből, és úgy szeretjük a szomszédainkat, mint önmagunkat, akkor könnyedén engedelmeskedünk az összes többi parancsolatnak is.

Ha valóban szeretjük Istent, hogyan tudnánk elkövetni bűnöket, melyeket Isten utál? Ha úgy szeretjük a szomszédainkat, mint önmagunkat, hogyan cselekedhetünk gonoszsággal ellenük?

Miért adta Isten a Parancsolatokat nekünk?

Akkor, miért ment át Isten a nagy munkán, hogy nekünk adta a Tízparancsolatot, ahelyett, hogy csak azt mondta volna: „Szeresd a te Istenedet, és szeresd felebarátodat, mint önmagadat"?

Ennek oka, hogy az ószövetségi időkben, a Szentlélek korszaka előtt nehéz volt, hogy az emberek valóban a szívük mélyéről szeressenek, a saját akaratukból. Így a Tízparancsolaton keresztül, amely megerősítette az izraelitákat, hogy engedelmeskedjenek Neki, Isten elvezette őket, hogy szeressék és tiszteljék Őt, valamint szeressék a szomszédaikat a tetteikkel.

Eddig közeli pillantást vetettünk minden parancsolatra önmagában, de most nézzük meg a parancsolatokat, mint két nagy csoport tagjait: Isten szeretete, és a szomszédaink szeretete.

Az egytől négyig terjedő parancsolatokat így lehet összefoglalni: „Szeresd az Urat, a te Istenedet teljes szívedből, teljes lelkedből és teljes elmédből." Kizárólag a Teremtő Istent szolgálni, nem teremteni hamis bálványokat és imádni őket, vigyázni, hogy ne használjuk helytelenül Isten nevét, és a sabbat napját megszentelni mindig – mindez arra jó mód, hogy Istent szeressük.

Az öttől tízig terjedő parancsolatokat így lehet összefoglalni: „Szeresd felebarátodat, mint önmagadat." Az ember szüleinek a tisztelete, a gyilkosságról történő figyelmeztetés, lopás, hamis tanúvallomás, mohóság, stb., mind annak a módja, hogy megakadályozzuk a gonosz cselekedeteket mások vagy a szomszédok ellen. Ha szeretjük a szomszédaink, mint önmagunkat, akkor nem akarjuk, hogy átmenjenek a fájdalmon, így képesnek kell lennünk arra, hogy betartsuk be ezeket a parancsolatokat.

Meg kell szeretni Istent, a szívünk mélyéről

Isten nem kényszerít minket, hogy engedelmeskedjünk a parancsolatainak. Ő elvezet minket, hogy engedelmeskedjünk Neki a szeretetünk miatt, amit Iránta érzünk.

Meg van írva a Rómaiak 5:8-ban: *"Az Isten pedig a mi hozzánk való szerelmét abban mutatta meg, hogy mikor még bűnösök voltunk, Krisztus érettünk meghalt."* Isten megmutatta az irántunk érzett nagy szeretetét, először.

Nehéz találni valakit, aki hajlandó meghalni egy jó vagy igaz ember helyett, vagy akár egy közeli barátja helyett, de Isten elküldte az egyszülött Fiát, Jézus Krisztust, hogy meghaljon a bűnösök helyett, hogy felszabadítsa őket az átok alól, a törvény szerint. Tehát Isten olyan szeretetet mutatott, mely felülmúlja az igazságosságot.

Amint írva található a Róma 5:5-ben: *"A reménység pedig nem szégyenít meg; mert az Istennek szerelme kitöltetett a mi szívünkbe a Szent Lélek által, ki adatott nékünk."* Isten nekünk adja a Szentlelket, mint egy ajándékot, hogy minden gyermeke, aki elfogadja a Jézus Krisztust, teljes mértékben megértse Isten szeretetét.

Ezért azok, akik üdvözültek, és megkeresztelkedtek a víz és a Szentlélek által, tudják szeretni Istent nem csak a fejükkel, de igazán, a szívük középpontjából, ami lehetővé teszi számukra, hogy betartsák a Parancsolatait, mert igazán szeretik Őt.

Isten eredeti akarata

Eredetileg Isten megteremtette az embereket, mert azt akarta, hogy valódi gyermekei legyenek, akiket tudott szeretni, és akik visszaszerették Őt, a saját szabad akaratukból. De ha valaki engedelmeskedik Isten minden parancsolatának, de nem szereti Istent, hogyan lehet azt mondani, hogy Isten igaz gyermeke ő?

A bérelt munkás, aki a bérért dolgozik, nem örökölheti a munkáltatója üzletét, de a munkáltató gyereke, aki egészen más, mint a bérelt munkás, örökölheti az üzletet. Hasonlóképpen, azok, akik engedelmeskednek Isten minden parancsolatának, megkaphatnak minden megígért áldást, de ha nem értik Isten szeretetét, akkor nem lehetnek igazán Isten gyermekei.

Tehát valaki, aki megérti Isten szeretetét és betartja a parancsolatait, örökli a mennyek országát, és a legszebb részében fog élni, mint Isten igaz gyermeke. És az Atya oldalán fog élni, dicsőségben, mely olyan fényes, mint a nap, az örökkévalóságig.

Isten azt akarja, hogy minden ember, akik üdvösséget kapott a Jézus Krisztus vére által, és aki szereti Őt a szíve mélyéről, Vele együtt éljen Új Jeruzsálemben, ahol a Trónja van, és megossza az Ő szeretetét az örökkévalóságig. Ezért Jézus azt mondta a Máté 5:17-ben: *"Ne gondoljátok, hogy jöttem a törvénynek vagy a prófétáknak eltörlésére. Nem jöttem, hogy eltöröljem, hanem inkább, hogy betöltsem."*

Bizonyíték, hogy mennyire szeretjük Istent

Így, csak miután megértettük a valódi okát annak, hogy Isten nekünk adta az Ő parancsolatait, tudjuk teljesíteni a Törvényt, a szeretettel, amit érzünk Isten iránt. Mivel megvan a tízparancsolat, vagy a törvények, fizikailag ki tudjuk mutatni a „szeretetet," amely egy elvont fogalom, és nehéz látni fizikai szemmel.

Ha néhány ember azt mondta: „Istenem, szeretlek teljes szívemből, ezért kérlek áldj meg," hogyan érvényesítheti a kérelmüket az igazság Istene, ha nincs szabvány ellenőrizni őket, mielőtt megáldja őket? Mivel van egy szabványunk, a parancsolatok, vagy a Törvény, láthatjuk, hogy igazán szeretik Istent, teljes szívvel, vagy nem. Ha azt mondják a szájukkal, hogy szeretik Istent, de nem tartják meg a szombatot szentnek, amint Isten megparancsolta nekik, akkor nem igazán szeretik Istent.

Tehát Isten parancsolatai szabványt képeznek, amellyel ellenőrizni tudjuk, vagy látni, mint bizonyíték, hogy mennyire szeretjük Istent.

Ezért ezt olvassuk az 1 János 5:3-ban: *„Mert az az Isten szeretete, hogy megtartjuk az ő parancsolatait; az ő parancsolatai pedig nem nehezek."*

Szeretem azokat, akik engem szeretnek

Az áldások, amelyeket azért kapunk Istentől, mert engedelmeskedtünk az Ő parancsolatainak, nem tűnnek el, vagy halványodnak el.

Például, mi történt Dániellel, aki tetszett Istennek, mert igaz hite volt, és aki soha nem kötött kompromisszumot a világgal? Dániel eredetileg Júda törzséből volt, és királyok leszármazottja. De amikor Dél Júda vétkezett Isten ellen, Nabukodonozor király Babilonból először lerohanta a nemzetet i.e. 605-ben. Ebben az időben, Dániel, aki nagyon fiatal volt, fogságba került Babilóniába.

Összhangban a király kultúra adaptációs politikájával, Dánielt és számos más fiatal férfit, akik szintén foglyok voltak, kiválasztottak, hogy Nabukodonozor palotájában éljenek, és megkapták a káldeusi iskola képzését három évig.

Ez idő alatt, Dániel azt kérte, hogy ne kelljen megennie a napi adag ételét és borát a királytól, a félelme miatt, hogy beszennyezi magát olyan élelmiszerekkel, amelyeket Isten megtiltott neki, hogy egyen. Mint fogoly, nem volt joga megtagadni az élelmiszert, amit a király rendelt neki, de Dániel mindent meg akart tenni, amit csak tudott, hogy a hitét tisztán tartsa Isten előtt.

És látva Dániel őszinte szívét, Isten meghatotta a szabadságvesztesekért felelős tiszt szívét, hogy Dánielnek ne kelljen enni vagy inni a király ételeiből és boraiból.

Az idő múlásával, Dániel, aki alaposan betartotta Isten parancsolatait, a hitetlen nemzet, Babilon miniszterelnöki pozíciójába emelkedett. Mivel Dánielnek megingathatatlan hite volt, amely visszatartotta őt, hogy alkut kössön a világgal, Isten elégedett volt vele. Így annak ellenére, hogy a népek változtak, és a királyok megváltoztak, Dániel minden szempontból kiváló maradt, és továbbra is megkapta Isten szeretetét.

Akik keresnek, megtalálnak engem

Még mindig láthatjuk ezt a fajta áldást ma. Mert bárkit, akinek olyan hite van, mint Dánielnek, hogy nem veszélyezteti a világot, és betartja Isten parancsolatait örömmel, láthatjuk, hogy Isten megáld túlcsorduló áldásaival.

Körülbelül tíz évvel ezelőtt, az egyik plébánosunk az egyik vezető nemzeti pénzügyi cégnél dolgozott. Hogy rávegye az ügyfélkört az üzletre, a cég rendszeresen ivópartikat szervezett az ügyfeleikkel, és a golfülések a hétvégén kötelezőek voltak. Abban az időben, az idősebb plébánosunk diakónus volt, és miután megkapta ezt a pozíciót, és valóban megértette Isten szeretetét, a cég világi gyakorlata ellenére, soha nem ivott az ügyfeleivel, és soha nem hiányzott a vasárnapi istentiszteletről, egyetlen vasárnap sem.

Egy nap, a cég vezérigazgatója azt mondta neki: „Válassz a cég vagy a templom között." Mivel határozott természete volt, nem is gondolkodott, mielőtt válaszolt: „Ez a vállalat fontos nekem, de ha azt kéred, hogy válasszak a vállalat és az egyházam között, a templomot választom."

Csodával határos módon, Isten megérintette a vezérigazgató szívét, és a plébános nagyobb bizalmat élvezett, végül megkapta a promóciót a cégben. Ez még nem volt minden. Nem sokkal azután, hogy egy sor promóción ment át, a plébános a cég vezérigazgatói pozíciójáig emelkedett!

Tehát, ha szeretjük Istent, és megpróbáljuk betartani a parancsolatait, Isten felemel minket, hogy kiválóak legyünk, bármit is teszünk, és megáld minket minden területén az életünknek.

Ellentétben a társadalom által megalkotott törvényekkel, Isten megígérte, hogy a Szavai nem változnak az idő múlásával. Nem számít, milyen időszakot élünk, és nem számít, kik vagyunk, ha egyszerűen csak engedelmeskedünk, és Isten szavai szerint élünk, fogadni tudjuk Isten megígért áldásait.

Az Istennel élés törvénye

Ezért a Tízparancsolat, vagy a törvény, amelyet Isten Mózesnek adott, megtanítja nekünk a mércét, amellyel tudjuk fogadni Isten szeretetét és áldását.

Amint a Példabeszédek 8:17-ben láthatjuk: *"Az engem szeretőket szeretem, és akik engem szorgalmasan keresnek, megtalálnak,"* aszerint, hogy mennyire tartja meg az Ő törvényeit, ennyire tudjuk fogadni az Ő szeretetét és áldásait.

Jézus ezt mondta a János 14:21-ben: *"Aki ismeri az én parancsolataimat és megtartja azokat, az szeret engem; aki pedig engem szeret, azt szereti az én Atyám, én is szeretem azt, és kijelentem magamat annak."*

Isten törvényei nehéznek vagy erőteljesnek tűnnek? Ha valóban szeretjük Istent a szívünk mélyéről, akkor betartjuk őket. Ha magunkat Isten gyermekeinek nevezzük, természetesen be kell tartanunk őket.

Ez a módja annak, hogy Isten szeretetét megkapjuk, a módja annak, hogy Istennel legyünk, találkozzunk Istennel, és hogy megkapjuk a választ az imáinkra. Ami a legfontosabb: az Ő törvénye megőriz minket a bűntől, és az üdvösség útja felé mozdít, akkor: milyen nagy áldás az Ő törvénye!

A hit ősatyái, mint Ábrahám, Dániel József, mivel szigorúan betartották az Ő törvényét, megkapták az áldást, hogy magasan a nemzetek fölé emelkedtek. Kaptak áldást, amikor bejöttek, és kaptak áldást, amikor kimentek. Nem csak áldásokat élveztek az életük minden területén, de még a mennyben is megkapták az áldást, hogy beléphettek olyan fényes dicsőséggel, mint a nap.

Imádkozom a mi Urunk nevében, hogy folyamatosan idomítsd a füled az Isten szavához, és gyönyörködj az Úr törvényében, és meditálj vele éjjel-nappal, és így betartsd azt teljesen.

„Lásd meg Uram,
hogy a te határozataidat szeretem; a te
kegyelmességed szerint eleveníts meg engem.
A te törvényed kedvelőinek
nagy békességök van, és nincs bántódásuk.
Várom a te szabadításodat, oh Uram!
és a te parancsolataidat cselekszem.
Nyelvem a te beszédedről énekel,
mert minden parancsolatod igaz"
(Zsoltárok 119:159, 165, 166, 172).

A szerző:
Dr. Jaerock Lee

Dr. Jaerock Lee Muanban, Jeonnam Tartományban, a Koreai Köztársaságban született, 1943-ban. A húszas éveiben hét évig gyógyíthatatlan betegségekben szenvedett, és a gyógyulás reménye nélkül várta a halált. Egy napon 1974-ben azonban a nővére elvitte egy templomba, és amikor letérdelt, hogy imádkozzon, az Élő Isten az összes betegségéből kigyógyította.

Attól a pillanattól fogva, hogy e csodás tapasztalat révén Dr. Lee találkozott az Élő Istennel, teljes szívéből és őszintén szereti Istent, és 1978-ban elhivatott az Ő szolgájaként. Buzgón imádkozott, hogy megérthesse Isten akaratát, és teljesen beteljesítse azt, és Isten igéjét teljesen betartotta. 1982-ben megalapította a Manmin Központi Egyházat Szöulban, Koreában, és azóta számtalan isteni munka történt ebben a templomban, beleértve a nagyszerű gyógyulásokat és a csodákat.

1986-ban lelkésszé szentelték a Jézus Sungkyul Koreai Egyházának éves összejövetelén, és négy évvel később, 1990-ben az istentiszteleteit elkezdték közvetíteni Ausztráliában, Oroszországban, a Fülöp-szigeteken, és számos más országban, a Far East Broadcasting Company, az Asia Broadcast Station, valamint a Washington Christian Radio System közreműködésével.

Három évvel később, 1993-ban a Manmin Központi Templomot beválasztották „A világ legjobb 50 temploma" közé, a *Christian World Magazin* (Keresztény Világmagazin) által (USA), és tiszteletbeli doktori címet kapott a Christian Faith College, Florida, USA, intézménytől, és 1996-ban doktori címet is – a lelkészi tudományokban – az iowai Kingsway Theological Seminary-től, az Egyesült Államokból.

1993 óta Dr. Lee a világmisszió terén vezető szerepet vállal, külföldön az Egyesült Államokban, Tanzániában, Argentínában, Ugandában, Japánban, Pakisztánban, Kenyában, a Fülöp-szigeteken, Hondurasban, Indiában, Oroszországban, Németországban és Peruban, és 2002-ben „világszintű lelkésznek" nevezték a vezető koreai keresztény újságok, a külföldi Nagy Egyesült Missziókban kifejtett tevékenységéért.

2016 január a Manmin Központi Templom több mint 120. 000 tagot számlált, 10. 000 hazai és külföldi leányegyháza volt szerte a világon, és eddig több mint 102 misszionáriust küldött 23 országba, beleértve az Egyesült Államokat, Oroszországot, Németországot, Kanadát, Japánt, Kínát, Franciaországot, Indiát, Kenyát, és sok más országot.

A mai napig Dr. Lee 100 könyvet írt, közöttük a rekord példányszámban eladott *Az Örök Élet Megkóstolása a Halál Előtt, Életem Hitem I és II, A Kereszt Üzenete, A Hit Mértéke, A Mennyország I és II, A Pokol, Isten Hatalma*, és a munkáit több mint 75 nyelvre lefordították.

A keresztény rovatai megjelennek a *The Hankook Ilbo, The JoongAng Daily, The Dong-A Ilbo, The Chosun Ilbo, The Munhwa Ilbo, The Seoul Shinmun, The Kyunghyang Shinmun, Koreai Napi Gazdaság (The Korea Economic Daily), The Korea Herald, The Shisa News*, és a *Keresztény Sajtó (The Christian Press)* hasábjain.

Dr. Lee jelenleg több tisztséget tölt be: a Koreai Egyesült Szentség Egyház elnöke; a Global Christian Network (GCN) alapítója és igazgatótanácsának elnöke; a The World Christian Doctors Network (WCDN) alapítója és igazgatótanácsának elnöke; és a Manmin Nemzetközi Lelkészképző (MIS) alapítója és igazgatótanácsának elnöke.

Más, hasonlóan hatásos könyvek a szerzőtől:

Mennyország I & II

Egy részletes vázlat a mennyei állampolgárok dicsőséges körülményeiről, amelyet Isten dicsőségében élveznek.

A Kereszt Üzenete

Egy erőteljes ébresztő üzenet mindazoknak, akik spirituálisan alszanak. Ebben a könyvben megtalálod Isten igaz szeretetét, valamint megtudod: miért Jézus az egyedüli Megmentő?

Pokol

Egy őszinte üzenet az emberiségnek Istentől, aki azt kívánja, hogy egyetlen lélek se hulljon a pokol mélységeibe! Felfedezheted Hadész soha fel nem tárt képét, valamint a pokol kegyetlen valóságát.

Szellem, Lélek és Test I & II

Egy kézikönyv, mely segíti spirituális megértést a lélekkel, szellemmel, testtel kapcsolatban, és segít megtalálni, hogy milyen „énünk" van, hogy erőt nyerjünk, mellyel a sötétséget legyőzhessük, és a szellem emberévé váljunk.

A Hit Mértéke

Milyen mennyei helyet, és milyen koronákat és jutalmakat készítenek elő a számodra a mennyekben? Ez a könyv ellát bölcsességgel és útmutatással téged, hogy megmérhesd a hited, valamint a legjobb és a legérettebb hitet gyakorolhasd.

Ébredj Izrael!

Miért tartotta Isten a szemét a világ végétől máig Izraelen? Milyen gondviselést tartogat Izrael számára – akik ma is a Messiást várják – az utolsó napokra?

Életem, Hitem I & II

Dr. Jaerock Lee önéletrajza a legkellemesebb spirituális aromát nyújtja az olvasó számára, az élete az Isten iránti szeretet által kezdett virágozni, miután sötét hullámok, hideg járom jutott számára, valamint a legmélyebb elkeseredés.

Isten Hatalma

Egy kihagyhatatlan olvasmány, egy alapvető útmutató az igaz hit eléréséhez, és Isten csodáinak megtapasztalásához.

www.urimbooks.com

www.ingramcontent.com/pod-product-compliance
Lightning Source LLC
LaVergne TN
LVHW041807060526
838201LV00046B/1155